Impressum
Verlag: BABADADA GmbH, Nedderfeld 112 , 22529 Hamburg
Geschäftsführer / Verlagsleitung: Harald Hof
Druck: Books on Demand GmbH, In de Tarpen 42, 22848 Norderstedt

Imprint
Publisher: BABADADA GmbH, Nedderfeld 112 , 22529 Hamburg, Germany
Managing Director / Publishing direction: Harald Hof
Print: Books on Demand GmbH, In de Tarpen 42, 22848 Norderstedt

σχολείο
xikolo

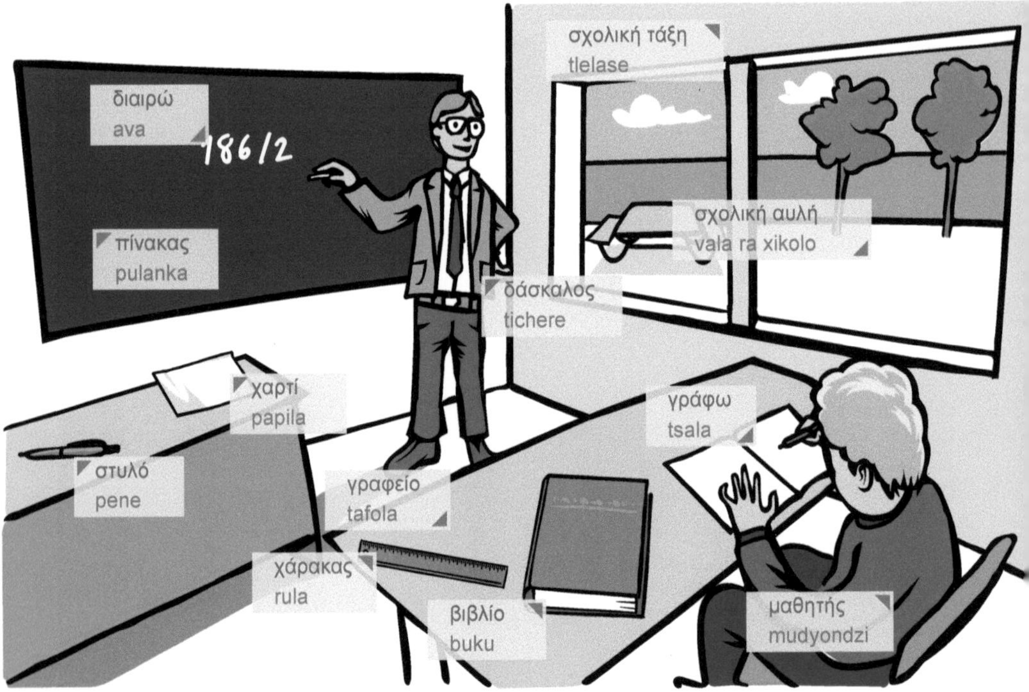

σχολική τάξη
tlelase
διαιρώ
ava
186/2
πίνακας
pulanka
σχολική αυλή
vala ra xikolo
δάσκαλος
tichere
χαρτί
papila
γράφω
tsala
στυλό
pene
γραφείο
tafola
χάρακας
rula
βιβλίο
buku
μαθητής
mudyondzi

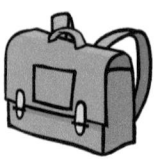

σχολική τσάντα

xinkwamana

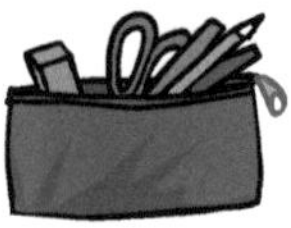

κασετίνα/ μολυβοθήκη

bokisi ra tipensele

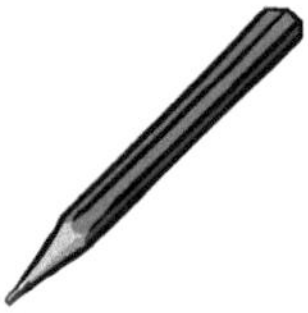

μολύβι

pensele

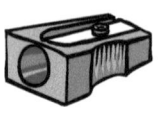

ξύστρα

muchini wo vatla tipensele

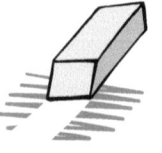

γόμα

rhaba

μπλοκ ζωγραφικής

papilo ro dirowa

ζωγραφική

xifaniso lexi diroweke

πινέλο

burachi ro penda

κουτί χρωμάτων

bokisi ro penda

ψαλίδι

xikero

κόλλα

xidamarheti

τετράδιο ασκήσεων

buku ya xikolo

εργασία για το σπίτι

ntirho wa le kaya

αριθμός

nombhoro

προσθέτω

engeta

αφαιρώ

susa

πολλαπλασιάζω

andzisa

υπολογίζω

hlaya

γράμμα

letere

αλφάβητο

maletere

λέξη

rito

κείμενο

rungula

διαβάζω

hlaya

κιμωλία

choko

μάθημα

dyondzo

εγγράφομαι

tsarisa

τεστ

xikambelo

πιστοποιητικό

xitifiketi

μαθητική στολή

swiambalo swa xikolo

εκπαίδευση

dyondzo

εγκυκλοπαίδεια

nsonga-vutivi

πανεπιστήμιο

univhesiti

μικροσκόπιο

makhiriskopu

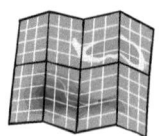

χάρτης

mepe

καλάθι αχρήστων

xikotela xo lahla maphepha

ταξίδι
kufamba

Grand
ξενοδοχείο
hotele
ξενώνας
hositele
ROOMS
ανταλλακτήρια συναλλάγματος
ndhawu yo cinca mali
βαλίτσα
putumendhe
αυτοκίνητο
movha

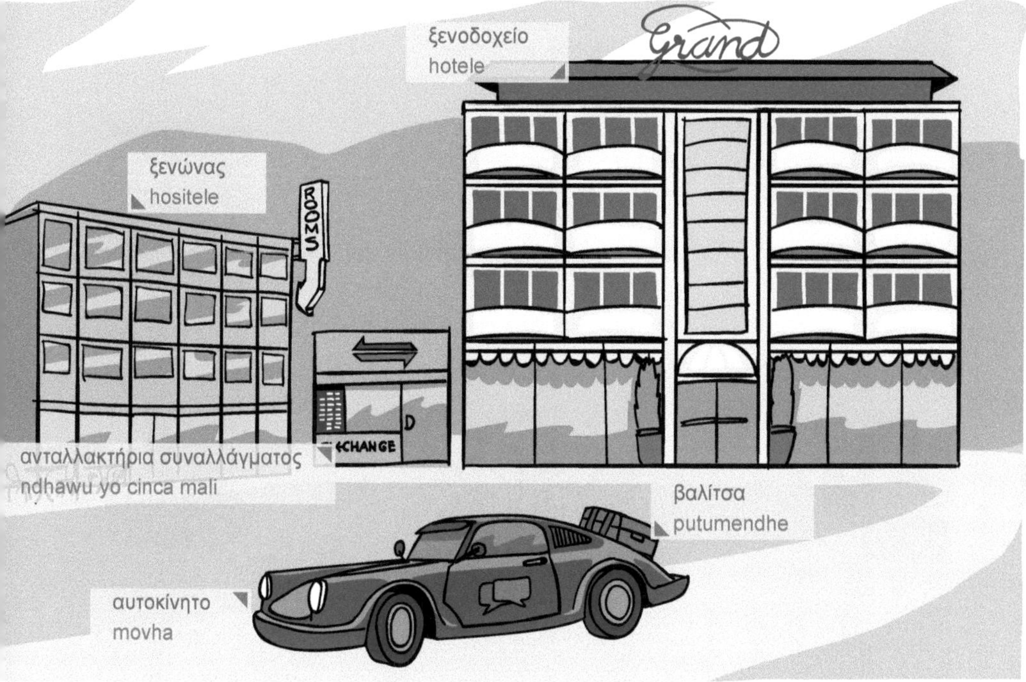

γλώσσα

ririmi

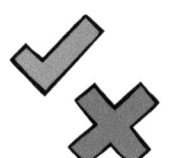

ναι / όχι

ina / e-e

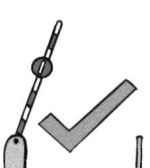

εντάξει

Swikahle

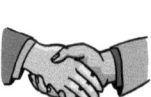

γεια σου

ahe

μεταφραστής

muhundzuluxeri

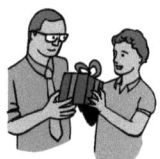

Ευχαριστώ

Ndza khensa

πόσο κάνει ;

ivungani...?

Δε καταλαβαίνω

Andzi twisisi

πρόβλημα

nkinga

Καλησπέρα!

Riperile!

Καλημέρα!

Maxelo ya kahle!

Καληνύχτα!

Vusiku bya kahle!

Αντίο

sala kahle

κατεύθυνση

nkongomiso

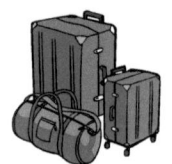

αποσκευές

mindzhwalo

τσάντα

nkwama

σακίδιο πλάτης

nkwama

καλεσμένος

muendzi

δωμάτιο

kamara

υπνόσακος

nkwama wo etlela

σκηνή

tende

τουριστικές πληροφορίες

vuxokoxoko bya vaendzi

παραλία

ribuwa

πιστωτική κάρτα

khadi ra xikweleti

πρωινό

xifihlulo

μεσημεριανό

swakudya swa ninhlekani

δείπνο

swakudya swa nimadyambu

εισιτήριο

thikithi

ανελκυστήρας

kheshe

γραμματόσημο

xitempe

σύνορα

ndzilakana

τελωνείο

mikhuva

πρεσβεία

hovisi ya vuyimeri ya tiko

βίζα

visa

διαβατήριο

pasi ro endza

μεταφορά

swilo swo famba

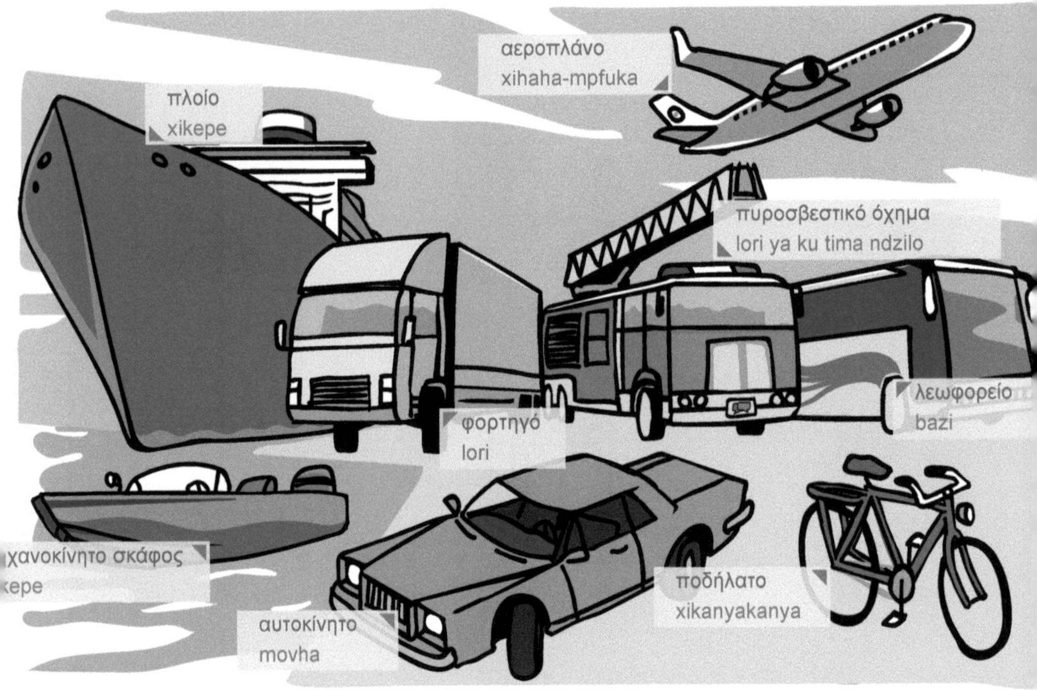
αεροπλάνο
xihaha-mpfuka
πλοίο
xikepe
πυροσβεστικό όχημα
lori ya ku tima ndzilo
λεωφορείο
bazi
φορτηγό
lori
χανοκίνητο σκάφος
epe
ποδήλατο
xikanyakanya
αυτοκίνητο
movha

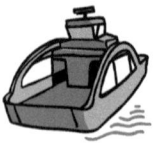

φεριμπότ

xikepe

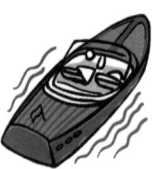

βάρκα

xikepe

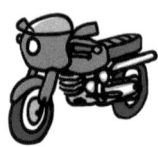

μοτοσικλέτα

xithuthuthu

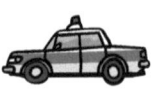

περιπολικό

movha wa maphorisa

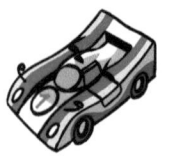

αγωνιστικό αυτοκίνητο

movha wa mphikizano

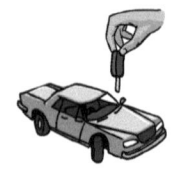

ενοικιαζόμενο αυτοκίνητο

movha yo lombiwa

διαμοιρασμός αυτοκινήτων

ku avelana hi movha

γερανός

lori yo koka timovha

απορριμματοφόρο

lori yo rhwala chaka

κινητήρας

njhini

καύσιμο

mafurha

βενζινάδικο

ndhawu yo xavisa petirolo

πινακίδα σήμανσης

mpfungo wa le patwini

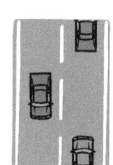

κυκλοφορία

mafambelo ya mimovha

κυκλοφοριακή συμφόρηση

ntlimbano wa timovha

χώρος στάθμευσης

phaki ya timovha

σιδηροδρομικός σταθμός

xitichi xa xitimela

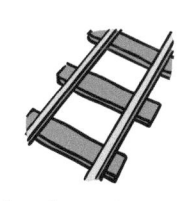

σιδηροδρομικές γραμμές

mintila

τρένο

xitimela

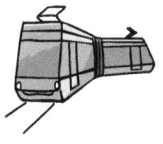

τραμ

banzi leri fambaka
exiporweni

βαγόνι

kalichi

ελικόπτερο

xihaha-mpfuka-phatsa

αεροδρόμιο

rivala ra siwhaha-mpfuka

πύργος

xihondzo

επιβάτης

mukhandziyi

εμπορευματοκιβώτιο

bokisi

χαρτοκιβώτιο

bokisi

καρότσι

kalichi

καλάθι

xirhundzi

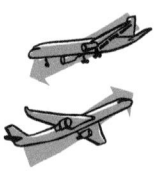

απογειώνομαι /
προσγειόνομαι

suka / tshama

πόλη
doroba

χωριό

muti

κέντρο της πόλης

nkava wa doroba

σπίτι

yindlu

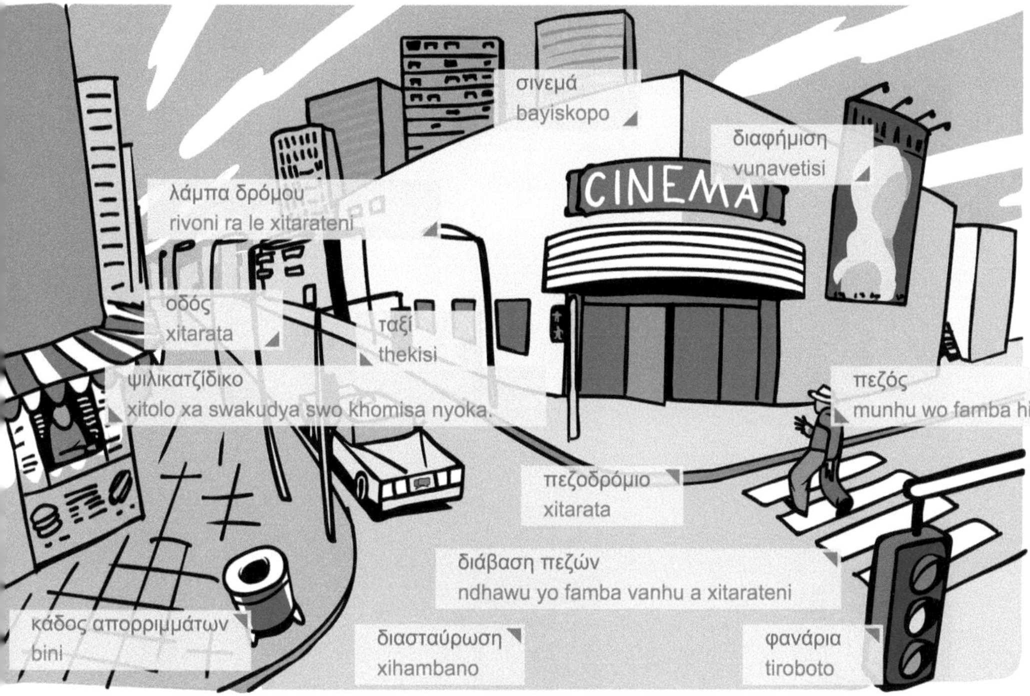

σινεμά
bayiskopo

διαφήμιση
vunavetisi

λάμπα δρόμου
rivoni ra le xitarateni

CINEMA

οδός
xitarata

ταξί
thekisi

ψιλικατζίδικο
xitolo xa swakudya swo khomisa nyoka

πεζός
munhu wo famba hi

πεζοδρόμιο
xitarata

διάβαση πεζών
ndhawu yo famba vanhu a xitarateni

κάδος απορριμμάτων
bini

διασταύρωση
xihambano

φανάρια
tiroboto

καλύβα

xiyindlwana xa byanyi

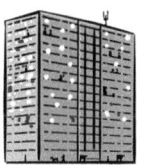

διαμέρισμα

yindlu

σιδηροδρομικός σταθμός

xitichi xa xitimela

δημαρχείο

holo ya vanhu

μουσείο

muziyamu

σχολείο

xikolo

πανεπιστήμιο

univhesiti

τράπεζα

bangi

νοσοκομείο

xibedlhele

ξενοδοχείο

hotele

φαρμακείο

xitolo xa miri

γραφείο

hofisi

βιβλιοπωλείο

xitolo xa tibuku

κατάστημα

xitolo

ανθοπωλείο

xitolo xa swiluva

σούπερ μάρκετ

xitolo le xikulu swinene

αγορά

makete

πολυκατάστημα

xitolo le xikulu

ιχθυοπωλείο

xitolo xa tinhlampfi.

εμπορικό κέντρο

ndhawu ya switolo

λιμάνι

hlaluko

πάρκο
phaka

παγκάκι
bence

γέφυρα
buloho

σκάλες
switepisi

μετρό
ehansi ka misava

τούνελ
muhocho

στάση λεωφορείου
xitichi xa tibanzi

μπαρ
barha

εστιατόριο
rhesiturente

γραμματοκιβώτιο
bokisi ra poso

πινακίδα δρόμου
mfungho wa xitarata

παρκόμετρο
muchini wa mali ya ku phaka

ζωολογικός κήπος
ntanga wa swiharhi

πισίνα
damu ro xambela

τζαμί
mosque

αγρόκτημα

purasi

ρύπανση

nthyakiso

νεκροταφείο

masirha

εκκλησία

kereke

παιδική χαρά

rivala ra mintlangu

ναός

tempele

τοπίο

ndhawu

φύλλο
tluka

πινακίδα κατεύθυνσης
mfungho wa gondzo

δρόμος
ndlela

λιβάδι
byanyi byo tala

πέτρα
ribye

δέντρο
murhi

πεζοπόρος
munhu wo khandziya tintshava

ποτάμι
nambu

χορτάρι
byanyi

λουλούδι
xiluva

κοιλάδα

nkova

λόφος

xitsunga

λίμνη

tiva

δάσος

khwati

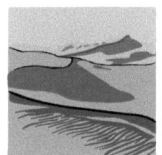

έρημος

mananga

ηφαίστειο

volkheno

κάστρο

ntsinda

ουράνιο τόξο

nkwangulatilo

μανιτάρι

swikowa

φοίνικας

murhi wa nchindzu

κουνούπι

nsuna

μύγα

haha

μυρμήγκι

vusokoti

μέλισσα

nyoxi

αράχνη

puma

τοπίο - ndhawu

σκαθάρι

xifufunhunu

βάτραχος

chele

σκίουρος

maxindyana

σκαντζόχοιρος

nhloni

λαγός

mfundla

κουκουβάγια

xikhova

πουλί

xinyenyane

κύκνος

sekwa

αγριογούρουνο

ngluve ya nhova

ελάφι

mhunti

άλκη

mhofu

φράγμα

damu

ανεμογεννήτρια

xipelupelu xa moya

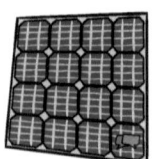

ηλιακός συλλέκτης

bodo leyi tswongaka kuhisa
ka dyambu

κλίμα

maxelo

εστιατόριο
rhesiturente

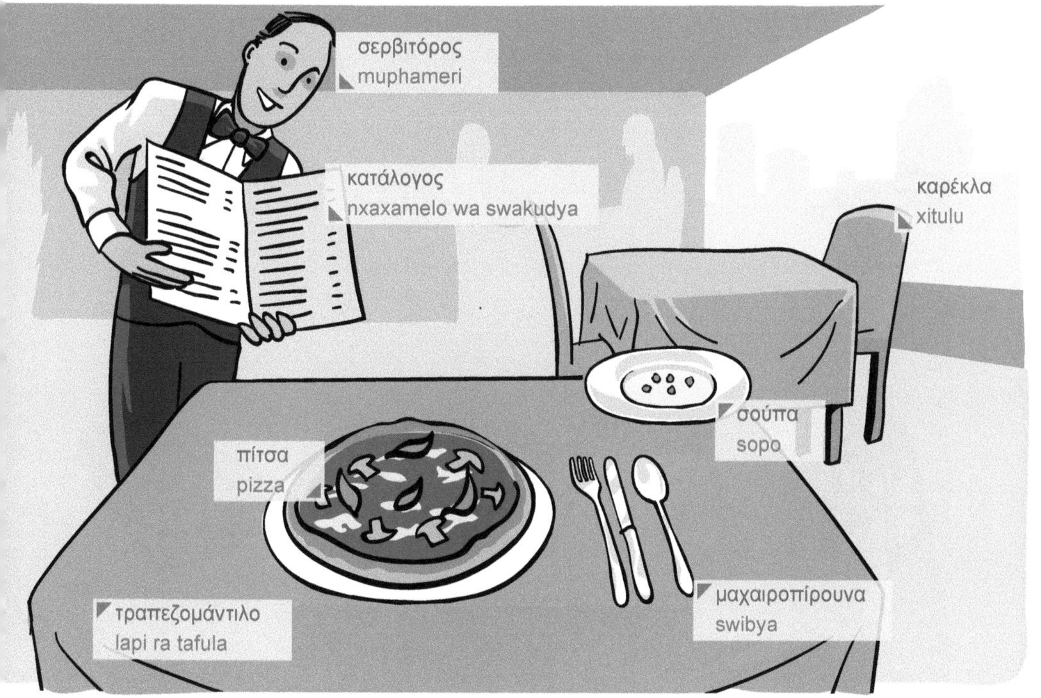
σερβιτόρος
muphameri
κατάλογος
nxaxamelo wa swakudya
καρέκλα
xitulu
σούπα
sopo
πίτσα
pizza
μαχαιροπίρουνα
swibya
τραπεζομάντιλο
lapi ra tafula

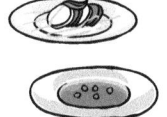

ορεκτικό

swakudya swa ku naveta

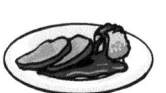

κύριο πιάτο

swakudya

επιδόρπιο

swo rhelerisa

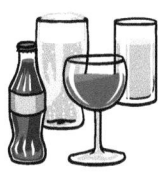

ποτά

swakunwa

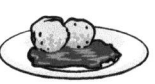

φαγητό

swakudya

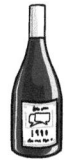

μπουκάλι

bodlhela

φαστ φουντ

swakudya swa xihatla

φαγητό στ' όρθιο

swakudya swa le ndleleni

τσαγιέρα

mbita ya tiya

δοχείο ζάχαρης

xibye xa chukela

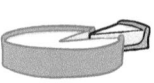

μερίδα

xiphemu

μηχανή εσπρέσο

muchini wa espresso

ψηλή καρέκλα

xitulu xa le henhla

λογαριασμός

swikweleti

δίσκος

thireyi

μαχαίρι

mukwana

πιρούνι

foroko

κουτάλι

lepula

κουταλάκι του τσαγιού

xilepulana

πετσέτα φαγητού

phepha ro sula nomu

ποτήρι

nghilazi

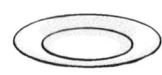

πιάτο
pleti

πιάτο σούπας
pleti ya sopo

πιατάκι φλιτζανιού
sosara

σάλτσα
murhu

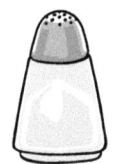

αλατιέρα
xilo xo chele munyu

μύλος για πιπέρι
xilo xo gaya

ξύδι
vhiniga

λάδι
mafurha

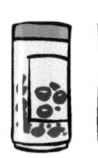

μπαχαρικά
swinyunyeteri

κέτσαπ
ketchup

μουστάρδα
mustard

μαγιονέζα
mayonasi

σούπερ μάρκετ

xitolo le xikulu swinene

προσφορά
nyiko yo hlawuleka
FOR
πελάτης
muxavi
γαλακτοκομικά προϊόντα
ntsamba
φρούτα
mihandzu
καρότσι για ψώνια
xikocikara

BUTCHERS

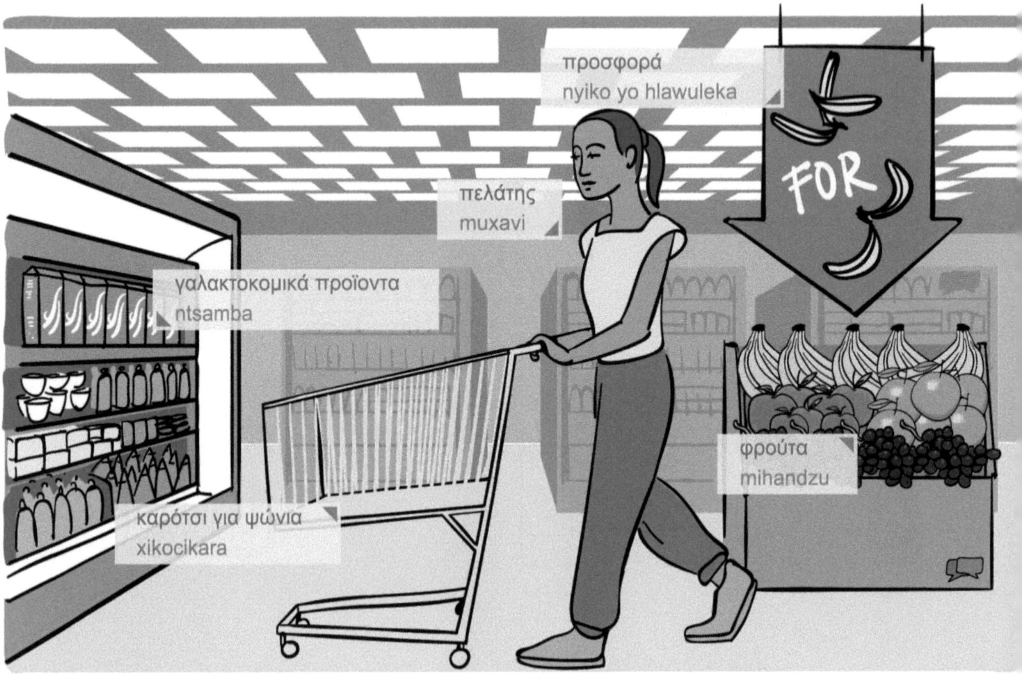

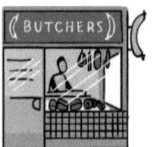

κρεοπωλείο

buchara

BAKERY

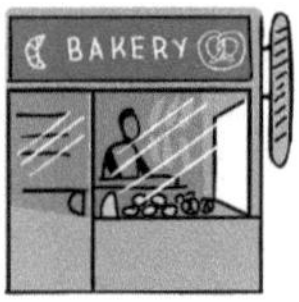

φούρνος

bekari

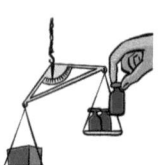

ζυγίζω

ringanyeta

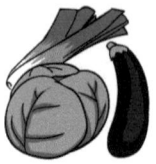

λαχανικά

swimila

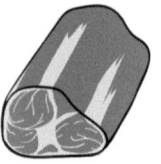

κρέας

nyama

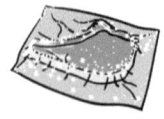

κατεψυγμένα τρόφιμα

swakudya swo titimela

αλλαντικά

nyama

κονσερβοποιημένη τροφή

swakudya leswi nga thinini

απορρυπαντικό ρούχων

mapa yo hlanswa

γλυκά

malekere

οικιακά είδη

switirhisiwa swa le ndlwini

καθαριστικά προϊόντα

swilo swo basisa

πωλήτρια

munhu wo xavisa

ταμείο

thili

ταμίας

muamukeli wa timali

λίστα για ψώνια

nxaxamelo wa swo xaviwa

ωράριο λειτουργίας

nkarhi wa ku tirha

πορτοφόλι

nkwama wa mali

πιστωτική κάρτα

khadi ra xikweleti

τσάντα

nkwama

πλαστική σακούλα

nkwama wa pulasitiki

νερό

mati

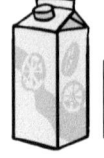

χυμός

ntsutsu

γάλα

meleke

κόκα κόλα

coke

κρασί

vhinyo

μπίρα

byalwa

αλκοόλ

byala

κακάο

cocoa

τσάι

tiya

καφές

kofi

εσπρέσο

espresso

καπουτσίνο

cappuccino

μπανάνα

banana

μήλο

apula

πορτοκάλι

lamula

πεπόνι

kalabatla

λεμόνι

swiri

καρότο

kherotsi

σκόρδο

swinyalana

μπαμπού

musengele

κρεμμύδι

nyala

μανιτάρι

swikowa

ξηροί καρποί

timanga

νουντλς

makaroni ya nyama

μακαρόνια

spaghetti

ρύζι

rhayisi

σαλάτα

saladi

πατατάκια

machipisi

τηγανητές πατάτες

nhlata wo katingiwa

πίτσα

pizza

χάμπουργκερ

hamburger

σάντουιτς

xinkwa

κοτολέτα

cutlet

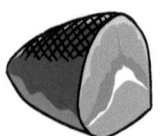

ζαμπόν

ham

σαλάμι

salami

λουκάνικο

soseji

κοτόπουλο

huku

ψητό

katinga

ψάρι

hlampfi

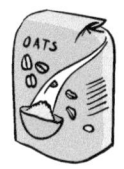

χυλός βρώμης
oats

μούσλι
muesli

κορν φλέικς
rivele-ndzoho

αλεύρι
filawa

κρουασάν
bantsi

ψωμάκι
xinkwa

ψωμί
xinkwa

τοστ
xinkwa xo oxiwa

μπισκότα
makokisi

βούτυρο
botere

τυρόπηγμα
ribomba ra tswamba

κέικ
khekhe

αυγό
tandza

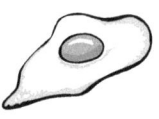

τηγανητό αυγό
matandza lama katingiweke

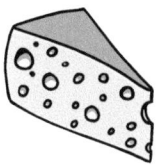

τυρί
chizi

παγωτό
ayisi khrimi

ζάχαρη
chukela

μέλι
vulombe

μαρμελάδα
jamu

άλλειμμα σοκολάτας
botere ya chokoleti

κάρυ
curry

αγρόκτημα

purasi

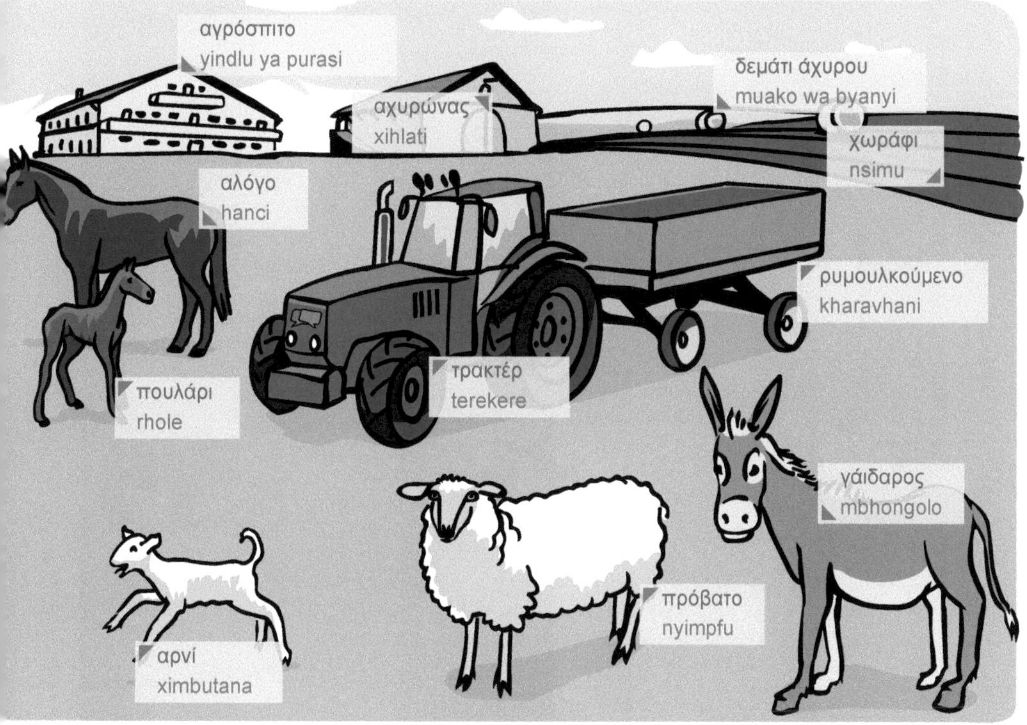
αγρόσπιτο
yindlu ya purasi
δεμάτι άχυρου
muako wa byanyi
αχυρώνας
xihlati
χωράφι
nsimu
αλόγο
hanci
ρυμουλκούμενο
kharavhani
πουλάρι
rhole
τρακτέρ
terekere
γάιδαρος
mbhongolo
πρόβατο
nyimpfu
αρνί
ximbutana

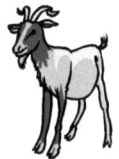

κατσίκα
mhunti

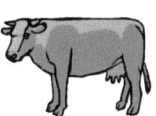

αγελάδα
homu

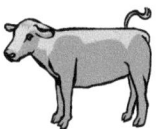

μοσχαράκι
rhole

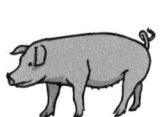

γουρούνι
nguluve

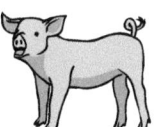

γουρουνάκι
xingulubyana

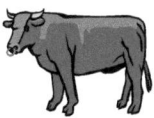

ταύρος
nkuzi

χήνα

sekwa

πάπια

sweka

κοτοπουλάκι

xikukwana

κότα

mbhaha

κόκορας

nkuku

αρουραίος

kondlo

γάτα

ximanga

ποντίκι

kondlo

βόδι

homu

σκύλος

mbyana

σπιτάκι σκύλου

yindlu ya mbyana

λάστιχο κήπου

payipi ya mati

ποτιστήρι

xilo xo chelela mati

θεριστήρι

nsimbi yo tsema

αλέτρι

xikomu

δρεπάνι

sikele

τσάπα

xikomu

δίκρανο

foroko le yikulu

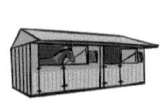

τσεκούρι

xihloka

χειράμαξα

bara

ταΐστρα

xitsengele

δοχείο γάλακτος

xilo xo chela ntswamba

σάκος

saka

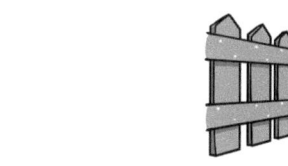

φράχτης

rirhangu

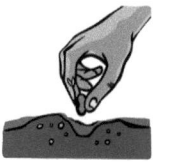

στάβλος

xivala

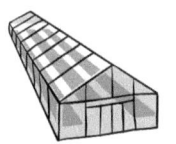

θερμοκήπιο

yindlu ya vuhlayiselo bya
swimilana

έδαφος

misava

σπόρος

mbewu

λίπασμα

swinonisi

θεριζοαλωνιστική μηχανή

muchini wa ku tshovela

θερίζω

tshovela

συγκομιδή

ntshovelo

γιαμς

mintsumbula

σιτάρι

koroni

σόγια

tinyawa

πατάτα

nhlata

καλαμπόκι

koroni

κράμβη

rapeseed

οπωροφόρο δέντρο

nsinya wa mihandzu

μανιόκα

ntsumbula

δημητριακά

swakudya swa tidzoho

αγρόκτημα - purasi

σπίτι
yindlu

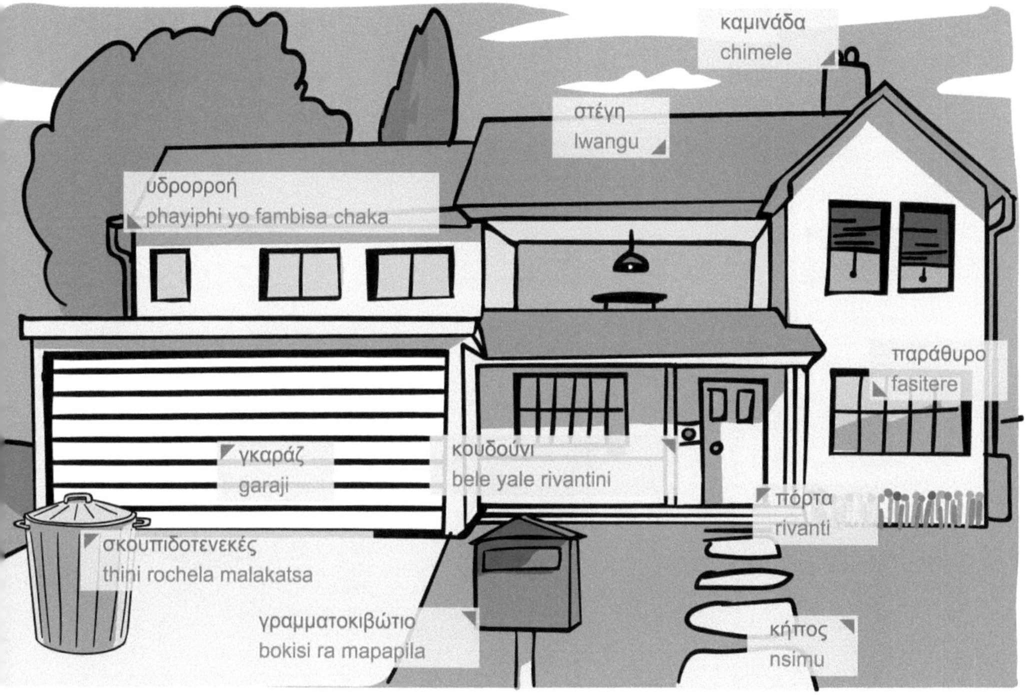

καμινάδα
chimele
στέγη
lwangu
υδρορροή
phayiphi yo fambisa chaka
παράθυρο
fasitere
γκαράζ
garaji
κουδούνι
bele yale rivantini
πόρτα
rivanti
σκουπιδοτενεκές
thini rochela malakatsa
γραμματοκιβώτιο
bokisi ra mapapila
κήπος
nsimu

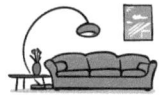

σαλόνι

kamara ro tshama

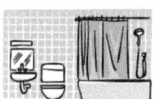

μπάνιο

kamara yo hlambela

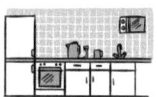

κουζίνα

khishini

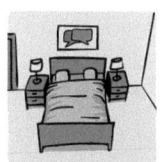

υπνοδωμάτιο

kamera ro etlela

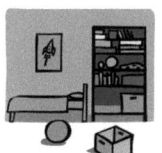

παιδικό δωμάτιο

kamana ya vana

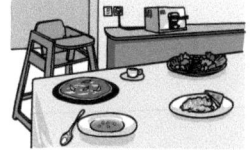

τραπεζαρία

ndhawu yo dyela

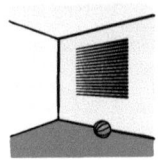

πάτωμα
ehansi

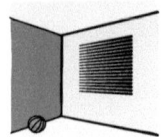

τοίχος
khumbi

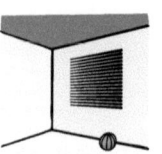

οροφή
silingi

κελάρι
kamera ra le hansi

σάουνα
phungula

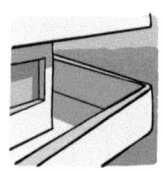

μπαλκόνι
rikupakupa

βεράντα
tshala

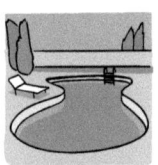

πισίνα
damu

μηχανή του γκαζόν
muchini wo tsema byanyi

σεντόνι
nkumba

κάλυμμα κρεβατιού
swo andlalela mubedo

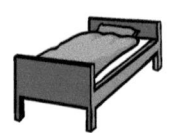

κρεβάτι
mubedo

σκούπα
nkukulu

κουβάς
bakiti

διακόπτης
swichi

σαλόνι
kamara ro tshama

ταπετσαρία
phepha ra le khumbini
φωτογραφία
xifaniso
λάμπα
rivoni
ράφι
xelufu
ντουλάπι
khabodo
τηλεόραση
thelevhixini
τζάκι
xitiko
λουλούδι
xiluva
μαξιλάρι
xikhengele
καναπές
sofa
βάζο
mbita
τηλεκοντρόλ
xilawula-kule

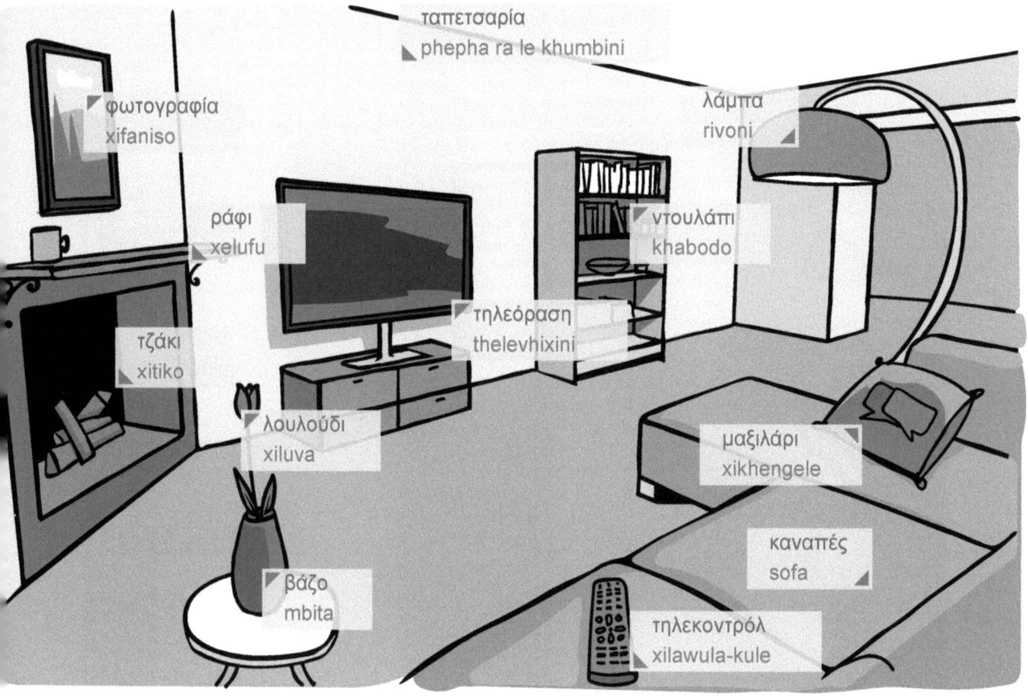

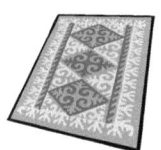

χαλί
khapete

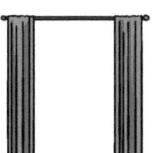

κουρτίνα
khethenisi

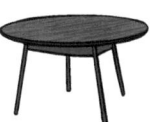

τραπέζι
tafula

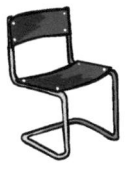

καρέκλα
xitulu

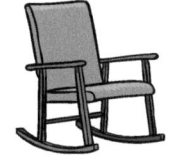

κουνιστή πολυθρόνα
xitulu xo mbuwetela

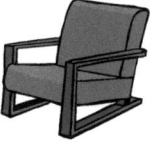

πολυθρόνα
xitulu xo tlhandleka mavoko

βιβλίο

buku

κουβέρτα

nkumba

διακόσμηση

nkhaviso

καυσόξυλα

tihunyi

ταινία

filimi

στερεοφωνικό σύστημα

muchini wa hi-fi

κλειδί

xinotlelo

εφημερίδα

phepha-hungu

πίνακας ζωγραφικής

xifaniso lexi vatliweke

αφίσα

bodo ya xifaniso

ραδιόφωνο

xiya-ni-moya

σημειωματάριο

buku yo tsala tinhla

ηλεκτρική σκούπα

hoover

κάκτος

xiluva xa cactus

κερί

khandlela

κουζίνα
khishini

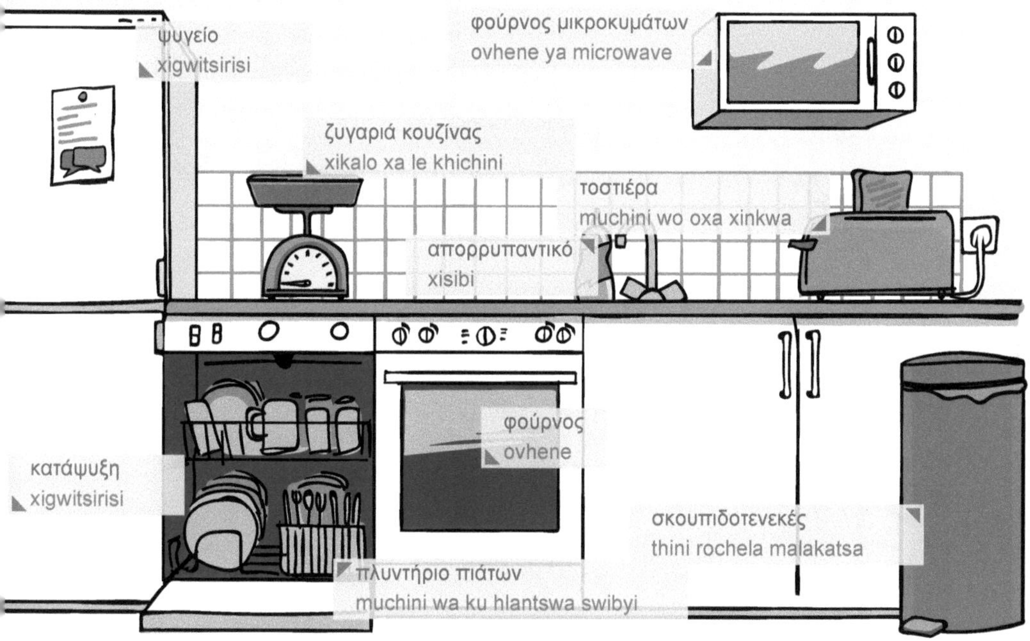

ψυγείο
xigwitsirisi
φούρνος μικροκυμάτων
ovhene ya microwave
ζυγαριά κουζίνας
xikalo xa le khichini
τοστιέρα
muchini wo oxa xinkwa
απορρυπαντικό
xisibi
φούρνος
ovhene
κατάψυξη
xigwitsirisi
σκουπιδοτενεκές
thini rochela malakatsa
πλυντήριο πιάτων
muchini wa ku hlantswa swibyi

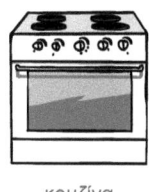

κουζίνα

mosweki

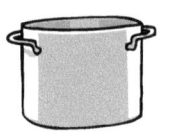

κατσαρόλα

poto

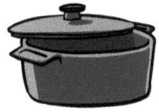

μαντεμένια κατσαρόλα

poto ra nsimbi

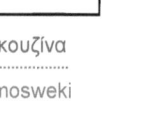

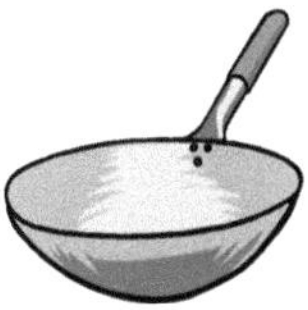

γουόκ/καντάι

mbita yo swekela / kadai

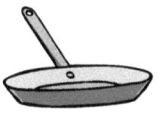

τηγάνι

pani

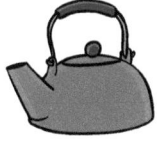

βραστήρας

ketlele

ατμομάγειρας

xo sweka hi nkahelo

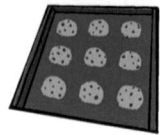

ταψί

thireyi ya ku baka

πιατικά

swibya

κούπα

xikomichana

μπολ

ximbitana

ξυλάκια

ti-chopstick

κουτάλα

xipunu

σπάτουλα

spatula

ανακατεύω

muchini wo hlanganisa

σουρωτήρι

sefo

σουρωτηράκι

xisefo

τρίφτης

xilo xo tsemelela

γουδί

xibye

ψησταριά

nyama yo oshiwa

ανοιχτή φωτιά

ndzilo

σανίδα κοπής

bodo ya ku tsemelela

πλάστης

mhandzi yo andlala fulawa

ανοιχτήρι φελλών

xo pfula mabodlhela

κονσέρβα

thini

ανοιχτήρι κονσέρβας

xo pfula mathini

γάντι φούρνου

xo khoma poto

νεροχύτης

zinki

βούρτσα

buracha

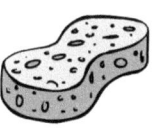

σφουγγάρι

xiponci

μπλέντερ

xilo lexi hlanganiselaka

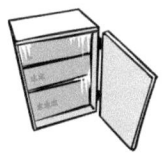

καταψύκτης

xigwitsirisi

μπιμπερό

bodlhela ra n'wana

βρύση

pompi

μπάνιο

kamara yo hlambela

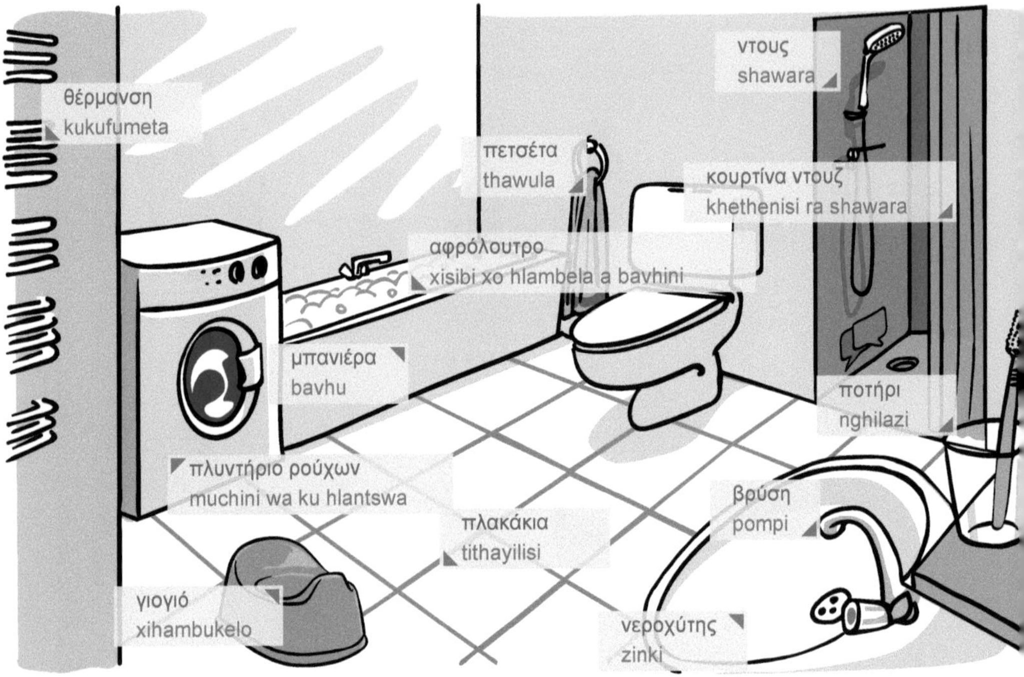

θέρμανση
kukufumeta
πετσέτα
thawula
ντους
shawara
κουρτίνα ντουζ
khethenisi ra shawara
αφρόλουτρο
xisibi xo hlambela a bavhini
μπανιέρα
bavhu
ποτήρι
nghilazi
πλυντήριο ρούχων
muchini wa ku hlantswa
βρύση
pompi
πλακάκια
tithayilisi
γιογιό
xihambukelo
νεροχύτης
zinki

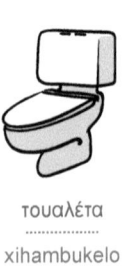

τουαλέτα

xihambukelo

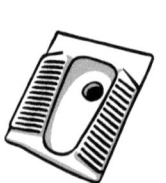

τούρκικη τουαλέτα

xihambukelo

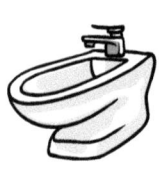

μπιντές

bidet

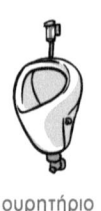

ουρητήριο

ndhawu yo tsakamisela

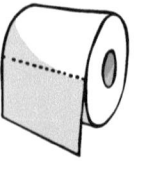

χαρτί υγείας

papila ra xihambukelo

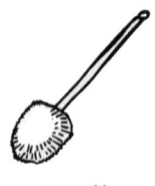

πιγκάλ

burachi bya xihambukelo

οδοντόβουρτσα

burachi bya meno

οδοντόκρεμα

xisibi xa meno

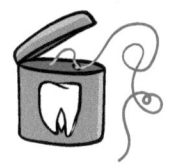

οδοντικό νήμα

xo basisa exikarhi ka meno

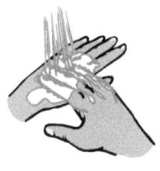

πλένω

hlamba

τηλέφωνο ντους

xawara yo khomiwa hivoko

ντουσιέρα

douche

λεκάνη

xihlambelo

βούρτσα πλάτης

buracha ra nhlana

σαπούνι

xisibi

αφρόλουτρο

xisibi xa xawara

σαμπουάν

shampoo

φανέλα

swilapana

σιφόνι

xinambyana

κρέμα

rivomba

αποσμητικό

xinhuherisi

καθρέφτης
xivoni

καθρέφτης χειρός
xivoni xo khomiwa hivoko

ξυραφάκι
rikarhi

αφρός ξυρίσματος
xisibi so susa malevu

αφτερσέιβ
mafurha ya kutola loku u
heta ku tsemeta malevu

χτένα
kama

βούρτσα
buracha

σεσουάρ
muchini wo omisa mosisi

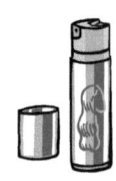

λακ
mafurha yo tola mosisi

μακιγιάζ
xo tisasekisa

κραγιόν
xotota nomo

βερνίκι νυχιών
xo tota minwala

βαμβάκι
kotoni

ψαλίδι νυχιών
xo tsema minwala

άρωμα
xinhuherisi

νεσεσέρ

nkwama wa le xihambukelweni

σκαμπό

nchuluko

ζυγαριά

xikalo

μπουρνούζι

nguvu yo hlamba

ελαστικά γάντια

tiglovhu ta raba

ταμπόν

tampon

πετσέτα υγιεινής

thawula ra ku basisa

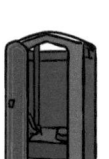

χημική τουαλέτα

xihambukelo xa le handle

παιδικό δωμάτιο

kamana ya vana

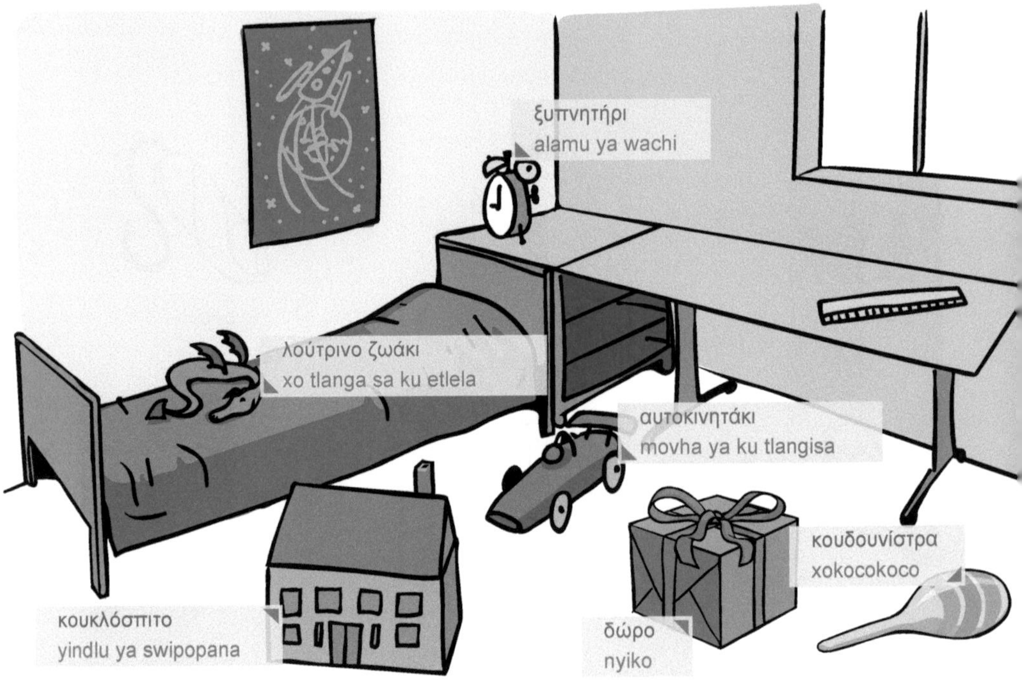

ξυπνητήρι
alamu ya wachi
λούτρινο ζωάκι
xo tlanga sa ku etlela
αυτοκινητάκι
movha ya ku tlangisa
κουδουνίστρα
xokocokoco
κουκλόσπιτο
yindlu ya swipopana
δώρο
nyiko

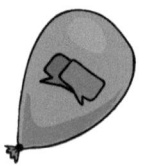

μπαλόνι
....
baluni

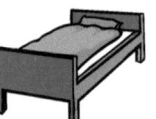

κρεβάτι
....
mubedo

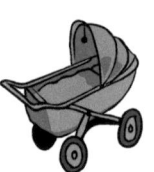

καροτσάκι
....
pureme

τράπουλα
....
makhadi

παζλ
....
jigsaw

SUPER MEGA

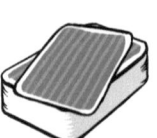

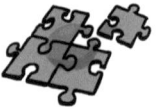

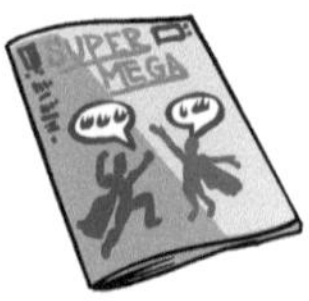

κόμικς
....
khomiki

τουβλάκια lego

switina swa lego

τουβλάκια κατασκευών

swiaki

φιγούρα δράσης

xo tlanga xa vana

βρεφικό φορμάκι

swiambalo swa nwana

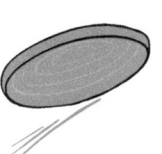

φρίσμπι

Frisbee

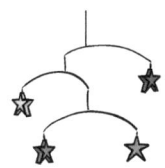

μόμπιλο

mobile

επιτραπέζιο παιχνίδι

ntlango wa le bodweni

ζάρια

dayisi

σετ τρενάκι

xitimela xo tlanga

πιπίλα

xo tlangisa vana

πάρτι

nkhuvo

εικονογραφημένο βιβλίο

buku ya swifaniso

μπάλα

bolo

κούκλα

xipopana

παίζω

tlanga

σκάμμα με άμμο

khele ra sava

κούνια

muchinginya

παιχνίδια

swilo swo tlangisa

κονσόλα βιντεοπαιχνιδιών

mintlango ya vhidiyo

τρίκυκλο

xithuthuthu xa mivhilwa
manharhu

αρκουδάκι

tibere to tlangisa

ντουλάπα

wadirobo

ρούχα
swiambalo

κάλτσες

masokisi

καλτσοδέτες

masokisi

καλσόν

buruku byo tlimba

κασκόλ
xikhafu

ζώνη
bandhi

ομπρέλα
ambulele

μπλουζάκι
xikipa

μπότες
tintangu

αθλητικά παπούτσια
tintangu to tsutsuma

παντόφλες
maphashana

σανδάλια
maphashana

παπούτσια
tintangu

γαλότσες
majombo ya raba

εσώρουχο
maburuko ya le ndzeni

σουτιέν
bodi

φανέλα
xikipa xa le ndzeni

ρούχα - swiambalo

σώμα
miri

παντελόνι
maburuko

τζιν παντελόνι
bokati

φούστα
xiketi

μπλούζα
bulawusi

πουκάμισο
hembe

πουλόβερ
jesi

πουλόβερ
jazi ro fingeneta nhloko

σακάκι
buleyizara

μπουφάν
baji

παλτό
nghuvo

αδιάβροχο πανωφόρι
jazi rampfula

κοστούμι
swiambalo

φόρεμα
swiambalo

νυφικό
rhoko ya mucato

κοστούμι
sudu

νυχτικό
xiambalo xo etlela

πιτζάμες
swi ambalo swo etlela

σάρι
sari

μαντήλι
xikhafu

τουρμπάνι
duku

μπούρκα
burqa

καφτάνι
swi ambalo

μουσουλμανικό ένδυμα
abaya

ολόσωμο μαγιό
swiambalo swo hlambela

ανδρικό μαγιό
maburuko ya le ndzeni

σορτς
buruku ro koma

αθλητική φόρμα
tracksuit

ποδιά
fasikoti

γάντια
maglilavhu

κουμπί

kunupu

γυαλιά

manghilazi ya mahlo

βραχιόλι

sindza

περιδέραιο

vuhlalu

δαχτυλίδι

xingwaxila

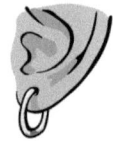

σκουλαρίκι

vo sasekisa tindleve

καπέλο

kepisi

κρεμάστρα

hangara ya nghuvo

καπέλο

xigqoko

γραβάτα

thayi

φερμουάρ

zipi

κράνος

xihuku

τιράντες

minxongotelo

μαθητική στολή

swiambalo swa xikolo

στολή

yunifomo

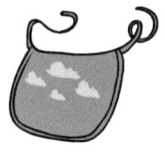

σαλιάρα

bibi

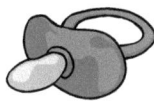

πιπίλα

xo tlangisa vana

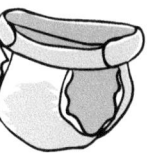

πάνα

leyiri

γραφείο
hofisi

σέρβερ
server
αρχειοθήκη
khabodo yo beka tifayili
χαρτί
papila
εκτυπωτής
muchini wa ku kandziyisa
οθόνη
xikirini
ποντίκι
mouse
γραφείο
tafola
ντοσιέ
xilo xo veka swiphephana
πληκτρολόγιο
keyboard
καλάθι αχρήστων
xikotela xo lahla maphepha
υπολογιστής
khompyuta
καρέκλα
xitulo

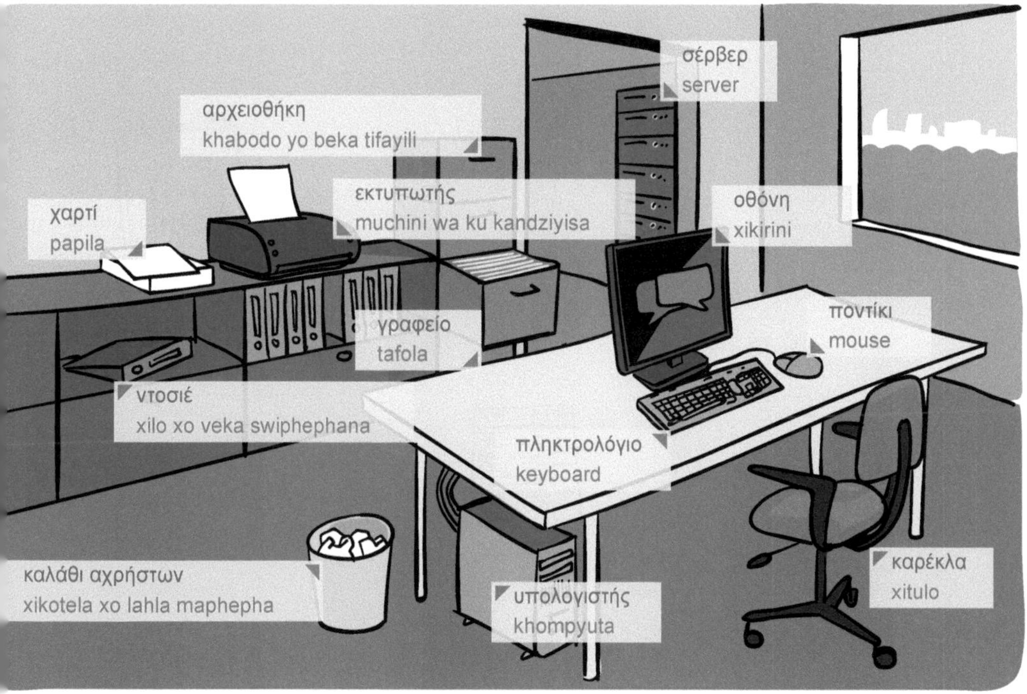

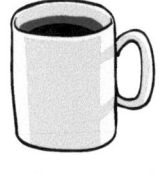

κούπα του καφέ

bikiri ra kofi

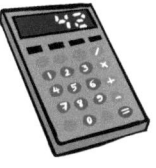

κομπιουτεράκι

muchini wo hlaya

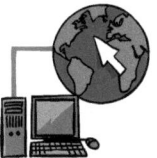

ίντερνετ

internet

λάπτοπ

laptop

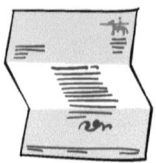

γράμμα

papila

μήνυμα

rungula

κινητό

foni

δίκτυο

network

φωτοτυπικό μηχάνημα

muchini wo endla tikopi

λογισμικό

progreme ya khompyuta

τηλέφωνο

riqingho

πρίζα

pulagi ya gezi

συσκευή φαξ

muchini wo rhumela rungula

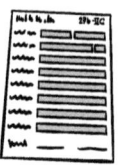

έντυπο

fomo

έγγραφο

papila

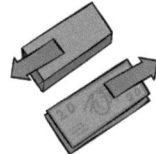

αγοράζω

xava

πληρώνω

hakela

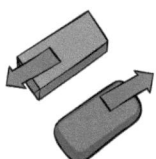

συναλλάσσομαι

xavisa

χρήματα

mali

δολάριο

dolara

ευρώ

euro

γιεν

yen

ρούβλι

rouble

ελβετικό φράγκο

Swiss franc

ρενμίνμπι γιουάν

renminb yuan

ρουπία

rupee

ΑΤΜ (αυτόματη ταμειακή μηχανή)

muchini wa mali

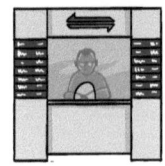

ανταλλακτήρια
συναλλάγματος

ndhawu yo cinca mali

χρυσός

nsuku

ασήμι

silivhere

πετρέλαιο

mafurha

ενέργεια

matimba

τιμή

hakelo

συμβόλαιο

ntwanano

φόρος

xibalo

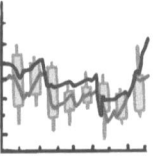

μετοχή

nundzu ya timali

δουλεύω

tirha

υπάλληλος

mutirhi

εργοδότης

mothorhi

εργοστάσιο

fektri

κατάστημα

xitolo

επαγγέλματα
mintirho

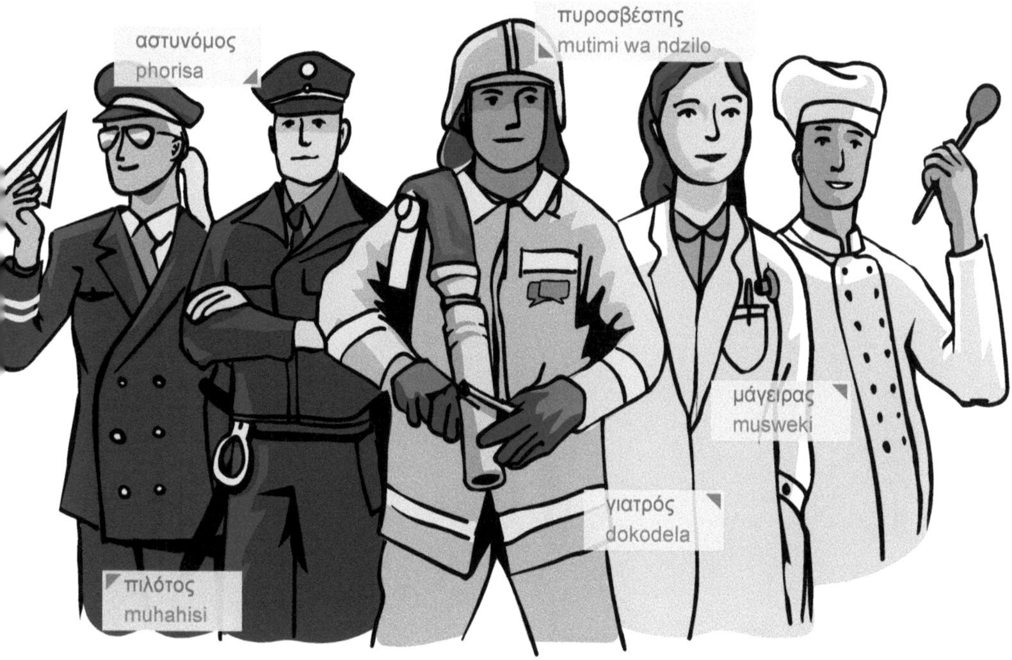

αστυνόμος
phorisa
πυροσβέστης
mutimi wa ndzilo
μάγειρας
musweki
γιατρός
dokodela
πιλότος
muhahisi

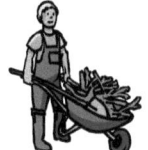

κηπουρός

muhlayi wa ntanga

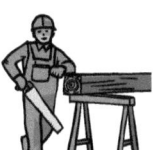

ξυλουργός

muvatli

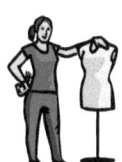

μοδίστρα

murungi

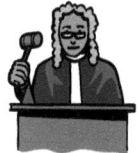

δικαστής

muavanyisi

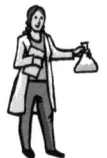

χημικός

xitshunguri

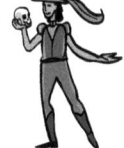

ηθοποιός

mutlangi

οδηγός λεωφορείου

muchaeri wa tibazi

ταξιτζής

muchayeri wa thekisi

ψαράς

muphasi wa tinhlampfi

καθαρίστρια

wansati wa ku basisa

τεχνίτης στεγών

mufuleri

σερβιτόρος

muphameri

κυνηγός

muhloti

ζωγράφος

mupendi

αρτοποιός

mubaki

ηλεκτρολόγος

mutivi wagezi

οικοδόμος

muaki

μηχανολόγος

munjiniyara

κρεοπώλης

muxavisi wa nyama

υδραυλικός

muplambara

ταχυδρόμος

muheleketi wa poso

στρατιώτης

socha

αρχιτέκτονας

mumpfampfarhuti

ταμίας

muamukeli wa timali

ανθοπώλης

muxavisi wa swiluva

κομμωτής

mululamisi wa misisi

ελεγκτής εισιτηρίων

mufambisi

μηχανικός

munhu wo lungisa timovha

καπετάνιος

mulawuri

οδοντίατρος

dokotela wa matinho

επιστήμονας

mutivi wa sayensi

ραβίνος

mufundisi

ιμάμης

murhangeri

μοναχός

nghwendza

ιερέας

mfundisi

εργαλεία
switirhisiwa

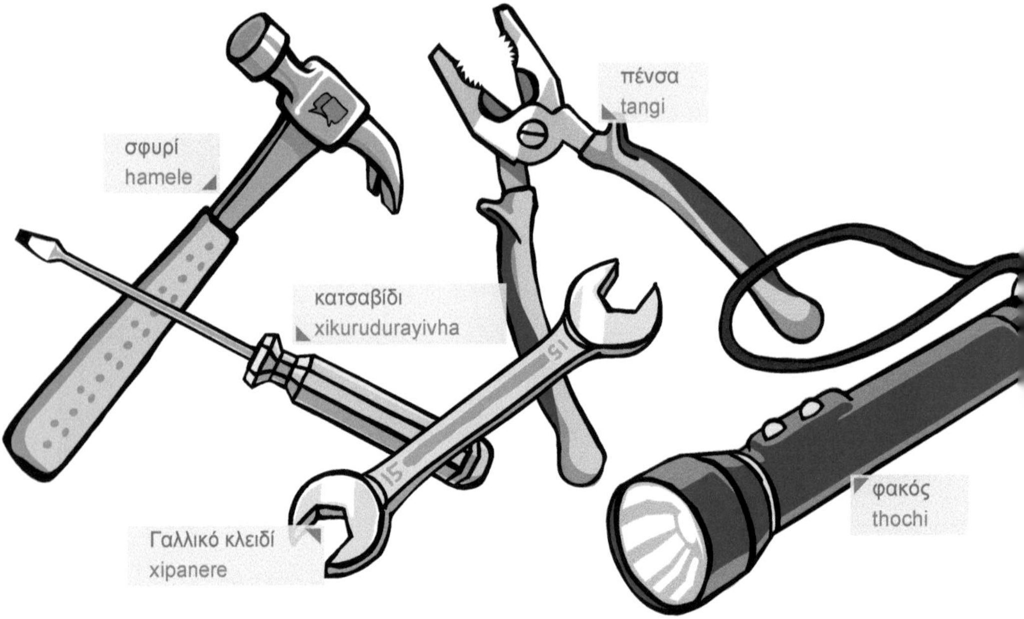
σφυρί
hamele
πένσα
tangi
κατσαβίδι
xikurudurayivha
Γαλλικό κλειδί
xipanere
φακός
thochi

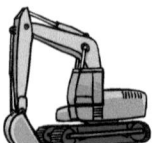

εκσκαφέας
muchini wo cela

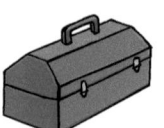

εργαλειοθήκη
bokisi ra switirhisiwa

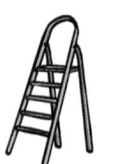

σκάλα
xitepisi

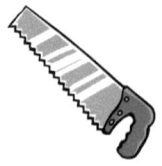

πριόνι
saha

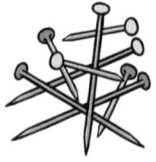

καρφιά
swipikiri

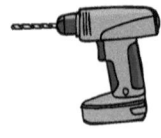

τρυπάνι
muchini wo boxa

επισκευάζω

lunghisa

φτυάρι

foxolo

Να πάρει!

Thyaka!

φαράσι

nchumu wo susa ritshuri

δοχείο χρωμάτων

mbita ya pende

βίδες

bawuti

μουσικά όργανα
swichayachayana

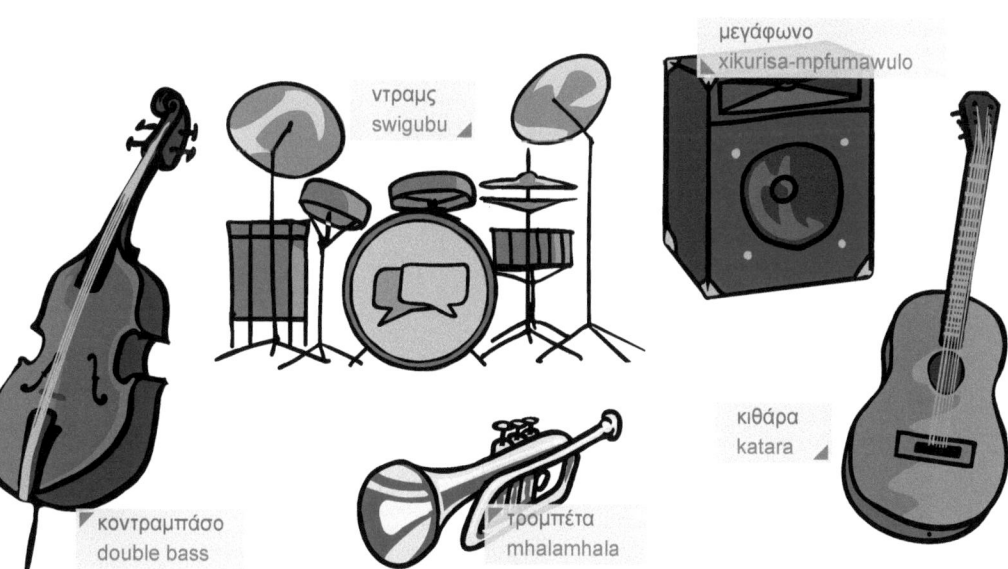

μεγάφωνο
xikurisa-mpfumawulo

ντραμς
swigubu

κοντραμπάσο
double bass

τρομπέτα
mhalamhala

κιθάρα
katara

πιάνο

piyano

βιολί

violin

μπάσο

bass

τύμπανα

timpani

τύμπανο

xigubu

πλήκτρα

keyboard

σαξόφωνο

saxophone

φλάουτο

xitiringo

μικρόφωνο

xikurisa-marito

ζωολογικός κήπος
ntanga wa swiharhi

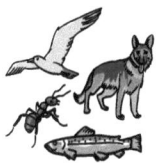

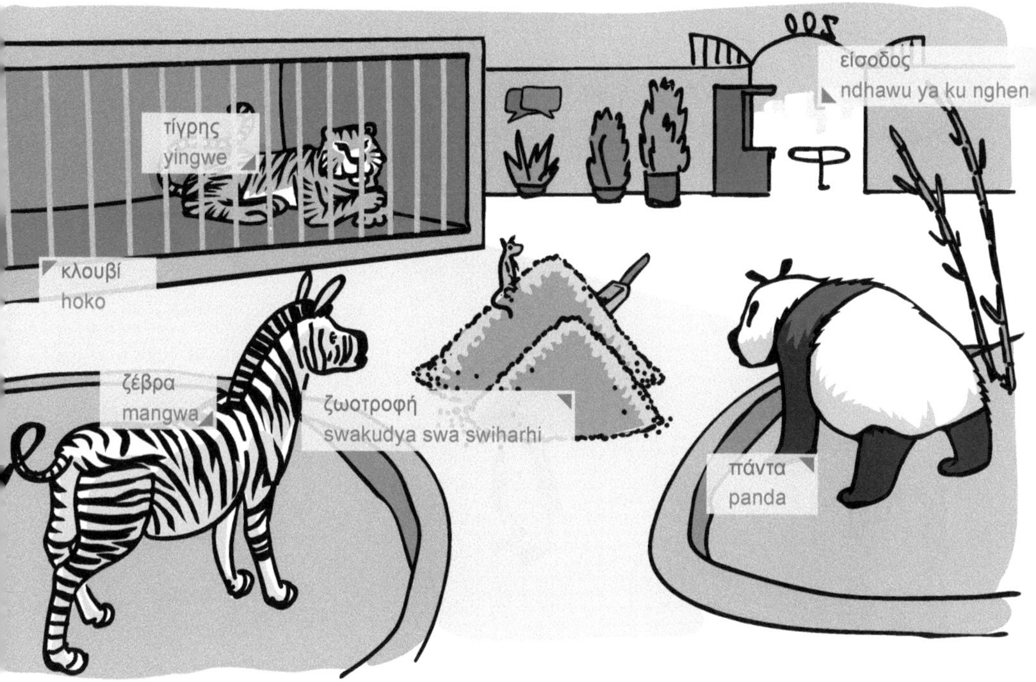

zoo
είσοδος
ndhawu ya ku nghen
τίγρης
yingwe
κλουβί
hoko
ζέβρα
mangwa
ζωοτροφή
swakudya swa swiharhi
πάντα
panda

ζώα
swiharhi

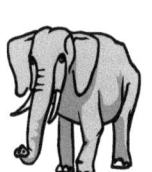

ελέφαντας
ndlopfu

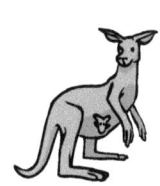

καγκουρό
xinjhenghwe

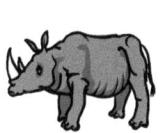

ρινόκερος
mhelembe

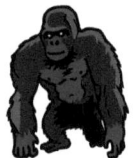

γορίλας
gorila

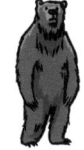

αρκούδα
bere

καμήλα

kamela

στρουθοκάμηλος

yintsha

λιοντάρι

nghala

πίθηκος

nkawu

φλαμίνγκο

flamingo

παπαγάλος

hokwe

πολική αρκούδα

bere

πιγκουίνος

penguin

καρχαρίας

shaka

παγώνι

hanti

φίδι

nyoka

κροκόδειλος

ngwenya

φύλακας ζωολογικού κήπου

muhlayisi wa mintanga ya
swiharhi

φώκια

seal

τζάγκουαρ

jaguar

πόνυ

hanci

λεοπάρδαλη

yingwe

ιπποπόταμος

mpfuvu

καμηλοπάρδαλη

nhutlwa

αετός

gama

αγριογούρουνο

ngluve ya nhova

ψάρι

hlampfi

χελώνα

mfutsu

θαλάσσιος ίππος

nyimpfu ya le lwandle

αλεπού

mhungubye

γαζέλα

mhala

Αμερικάνικο ποδόσφαιρο
bolo ya le Amerika

ποδηλασία
kufamba hi xi kanyakanya

αντισφαίριση
tennis

μπάσκετ
basketball

κολύμβηση
kuhlambela

πυγχαμία
ntlango wa ku bana

χόκεϋ επί πάγου
khororo ya le ayísini

ποδόσφαιρο
bolo

μπάντμιντον
badminton

στίβος
mintlango

χάντμπολ
bolo ya mavoko

σκι
kureta e gambokweni

πόλο
polo

δραστηριότητες
mintirho

γελάω
hleka
πηδάω
tlula
αγκαλιάζω
angara
περπατάω
famba
τραγουδάω
yimbelela
ονειρεύομαι
lora
προσεύχομαι
khongela
φιλάω
ntswontswa

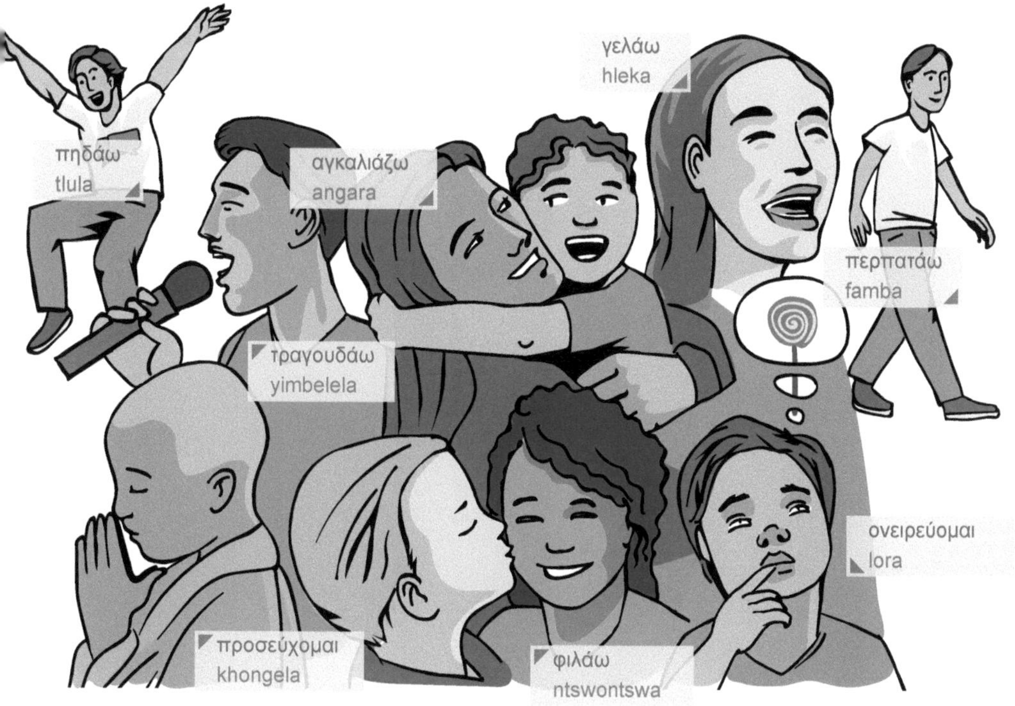

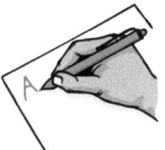

γράφω

tsala

σχεδιάζω

dirowa

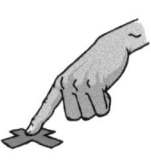

δείχνω

komba

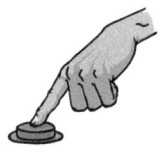

πιέζω

dlidlimeta

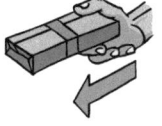

δίνω

nyika

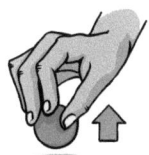

παίρνω

teka

έχω

yi va

κάνω

endla

είμαι

ku va

στέκομαι

yima

τρέχω

tsutsuma

τραβάω

koka

ρίχνω

lahlela

πέφτω

wana

ξαπλώνω

hemba

περιμένω

rindza

κουβαλώ

rhwala

κάθομαι

tshama

φοράω

ambala

κοιμάμαι

tlela

ξυπνάω

pfuka

κοιτάω

languta

κλαίω

rila

χαϊδεύω

bana

χτενίζω

kama

μιλάω

vulavula

καταλαβαίνω

twisisa

ρωτάω

vutisa

ακούω

yingisa

πίνω

nwana

τρώω

dyana

συγυρίζω

basisa

αγαπάω

randza

μαγειρεύω

sweka

οδηγώ

chayela

πετάω

haha

κάνω ιστιοπλοΐα

tluta

υπολογίζω

hlaya

διαβάζω

hlaya

μαθαίνω

hlaya

δουλεύω

tirha

παντρεύομαι

teka

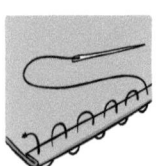

ράβω

rhunga

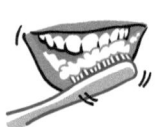

βουρτσίζω τα δόντια

kuhlamba meno

σκοτώνω

dlaya

καπνίζω

dzaha

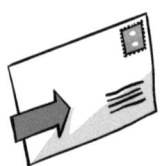

στέλνω

rhumela

οικογένεια
ndyanghu

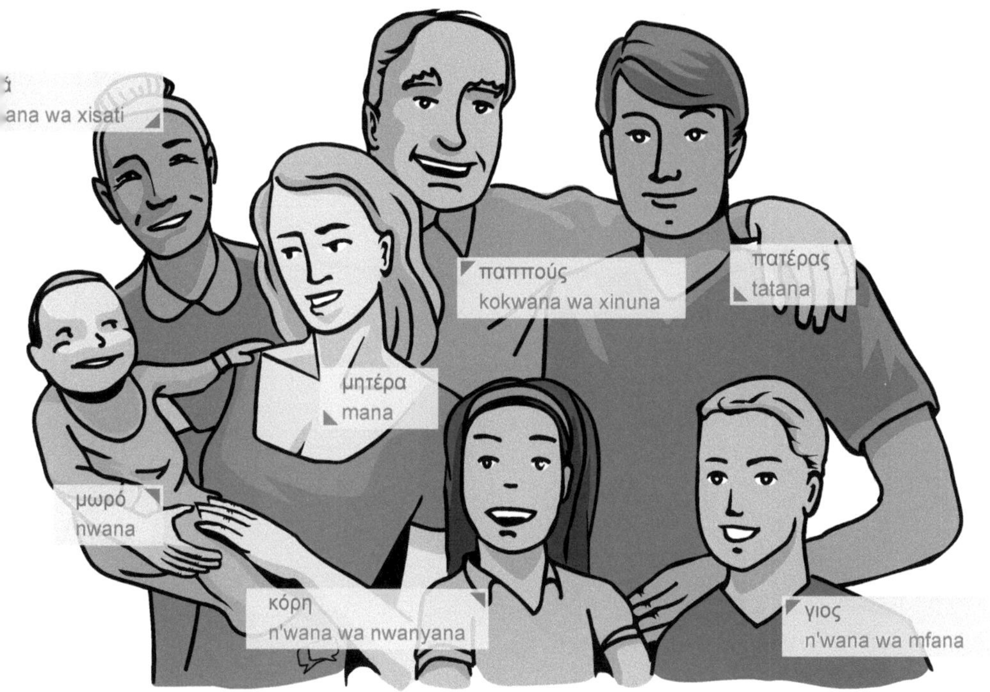
ana wa xisati
παππούς
kokwana wa xinuna
πατέρας
tatana
μητέρα
mana
μωρό
nwana
κόρη
n'wana wa nwanyana
γιος
n'wana wa mfana

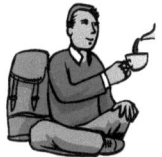

καλεσμένος

muendzi

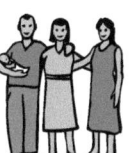

θεία

hahani

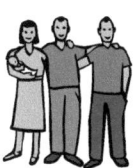

θείος

malume

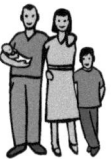

αδελφός

makwerhu

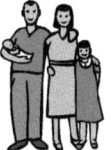

αδελφή

makwrhu

σώμα

miri

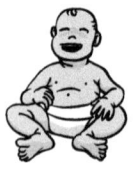

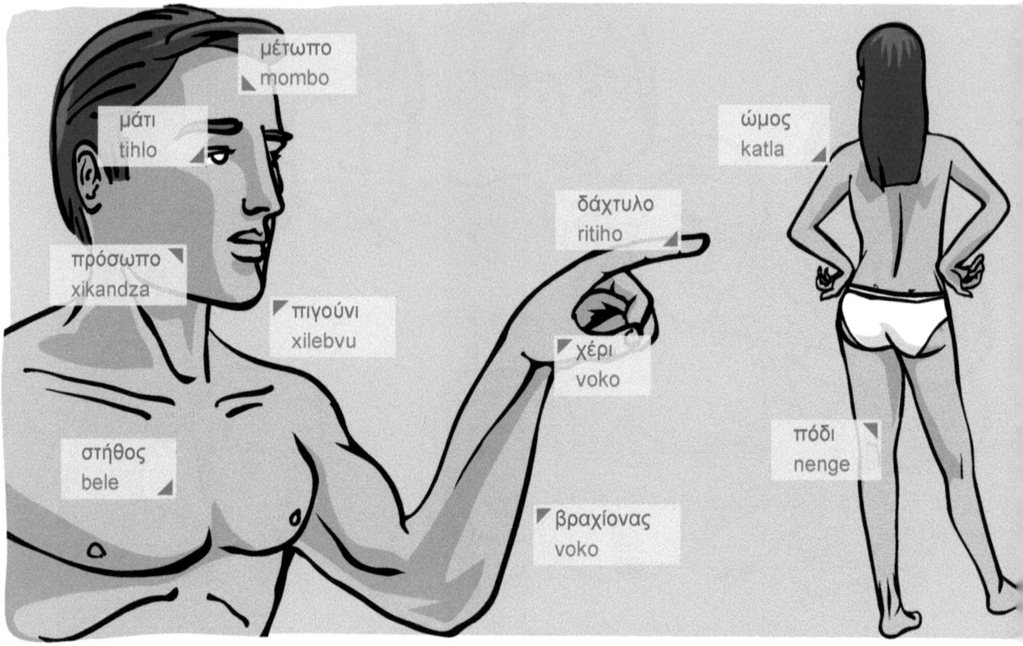
μέτωπο
mombo
μάτι
tihlo
ώμος
katla
δάχτυλο
ritiho
πρόσωπο
xikandza
πιγούνι
xilebvu
χέρι
voko
πόδι
nenge
στήθος
bele
βραχίονας
voko

μωρό

nwana

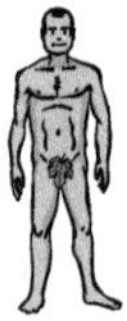

άνδρας

n'wanuna

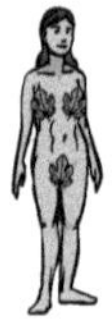

γυναίκα

nw'ansati

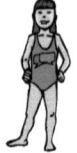

κορίτσι

nhwanyana

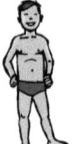

αγόρι

mfana

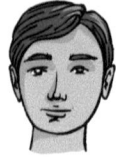

κεφάλι

nhloko

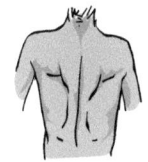

πλάτη

nhlana

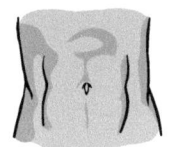

κοιλιά

khwiri

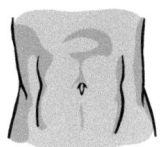

αφαλός

nkava

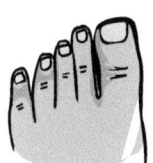

δάχτυλο ποδιού

xikunwani

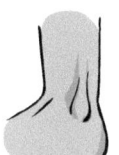

φτέρνα

xirhenze

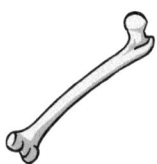

κόκκαλο

rhambu

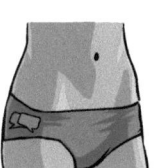

γοφός

nyonga

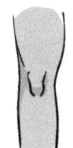

γόνατο

tsolo

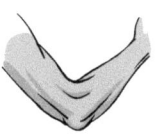

αγκώνας

xikokola

μύτη

nompfu

γλουτός

xisuti

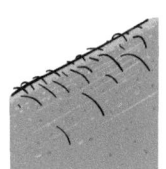

δέρμα

nhlonge

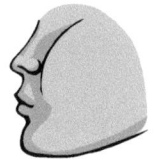

μάγουλο

rhama

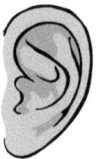

αυτί

ndlebe

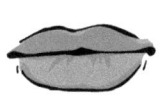

χείλος

nomu

στόμα

nomu

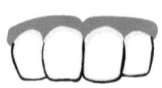

δόντι

tinyo

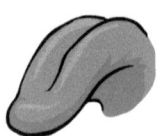

γλώσσα

ririmi

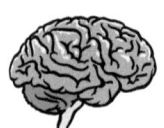

εγκέφαλος

byongo

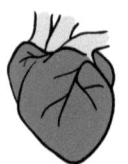

καρδιά

mbilu

μυς

nsiha

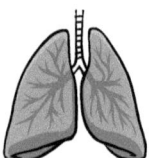

πνεύμονας

hahu

συκώτι

vixindzi

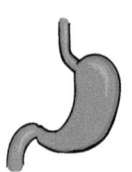

στομάχι

khwiri

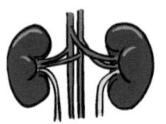

νεφρά

tinso

σεξουαλική επαφή

masangu

προφυλακτικό

khondomu

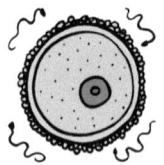

ωάριο

tandza

σπέρμα

mbewu ya vununa

εγκυμοσύνη

nyimba

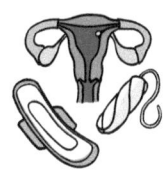

περίοδος

kuya enkarhini

γυναικείος κόλπος

muhocho

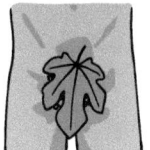

πέος

xiluma

φρύδι

tinxiyi

μαλλιά

misisi

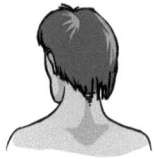

λαιμός

nhamu

νοσοκομείο
xibedlhele

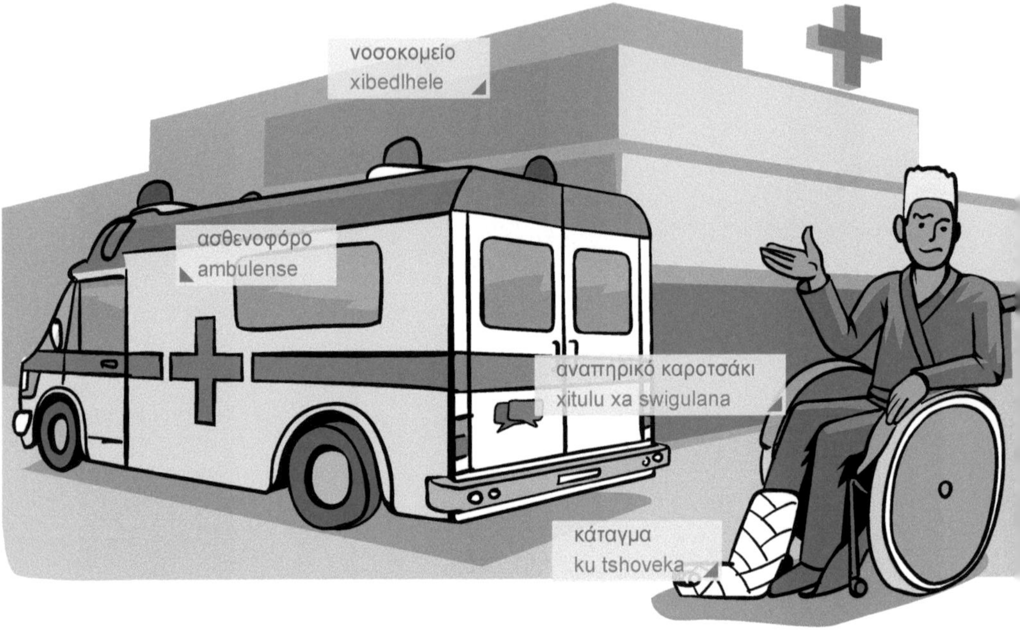

νοσοκομείο
xibedlhele
ασθενοφόρο
ambulense
αναπηρικό καροτσάκι
xitulu xa swigulana
κάταγμα
ku tshoveka

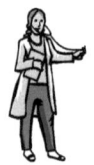

γιατρός
dokodela

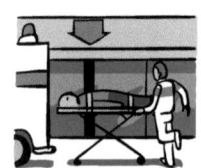

μονάδα εντατικής θεραπείας
kamara ra xilamulela-mhango

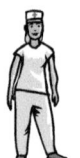

νοσοκόμα
muongori

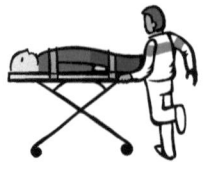

έκτακτη ανάγκη
xihatla

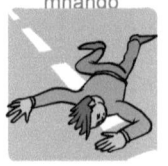

λιπόθυμος
ku titivala

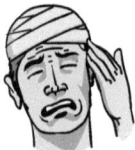

πόνος
kuvava

τραύμα

ku vaviseka

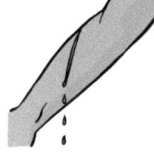

αιμορραγία

mpfempfa ngati

έμφραγμα

ku hlaseriwa himbilu

εγκεφαλικό

ku oma swirho

αλλεργία

rinyenyo

βήχας

khohlola

πυρετός

xifumbu

γρίπη

mukhuhlwana

διάρροια

nchuluko

πονοκέφαλος

ku pandza ka nhloko

καρκίνος

khensa

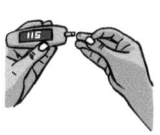

διαβήτης

chukela

χειρουργός

dokodela

νυστέρι

mukwana

εγχείρηση

vuhandzuri

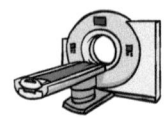

αξονική τομογραφία

CT

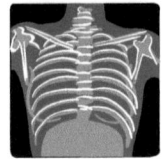

ακτινογραφία

x-rheyi

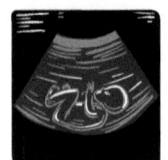

υπέρηχος

muchini wo yingisela
ntshuka-ntshuko

μάσκα

xo tipfala tinhomfu

ασθένεια

vuvabyi

αίθουσα αναμονής

kamara ro rindza

πατερίτσα

nhonga

χάνσαπλαστ

semendhe

επίδεσμος

bandhichi

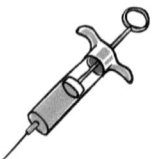

ένεση

neleta

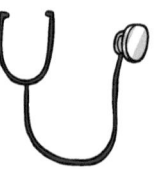

στηθοσκόπιο

muchini wa madokodela wa
ku yingisa

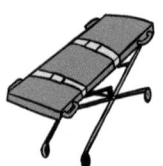

φορείο

rihlaka

θερμόμετρο

xipima-mahiselo

γέννηση

ku veleka

υπέρβαρο

ku nyuhela

ακουστικό βαρηκοΐας

swipfuneta-ku-twa

αντισηπτικό

khemikhale yo dlaya
switsongwatsongwana

λοίμωξη

switsongwatsongwana

ιός

xitsongwatsongwana

HIV/AIDS

HIV / AIDS

φάρμακο

miri

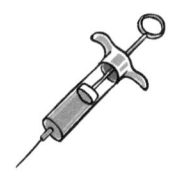

εμβολιασμός

nayiti

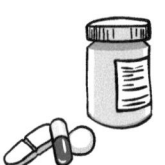

δισκία

maphilisi

χάπι

pilisi

κλήση έκτακτης ανάγκης

riqingho ra xihatla

πιεσόμετρο αίματος

muchini wo kamba
nsusumeto wa ngati

άρρωστος / υγιής

vabya / hanya

Βοήθεια!

Pfunani!

συναγερμός

bele

βιαιοπραγία

ku hlaseriwa

επίθεση

hlasela

κίνδυνος

khombo

έξοδος κινδύνου

nyangwa wo huma loko ku
ri ni mhango

Φωτιά!

Ndzilo!

πυροσβεστήρας

xo tima ndzilo

ατύχημα

mhangu

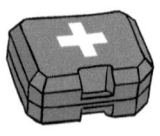

κουτί πρώτων βοηθειών

bokisi ra xilamulela-mhango

SOS

SOS

αστυνομία

phorisa

Ευρώπη

Yuropa

Βόρεια Αμερική

Amerika N'walungu

Νότια Αμερική

Amerika Dzonga

Αφρική

Afrika

Ασία

Asia

Αυστραλία

Australia

Ατλαντικός Ωκεανός

Atlantic

Ειρηνικός Ωκεανός

Pacific

Ινδικός Ωκεανός

Lwandle-nkulu ra Indiya

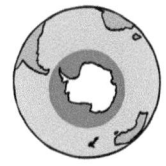

Ανταρκτικός Ωκεανός

_wandle-nkulu ra Antarctic

Αρκτικός Ωκεανός

Lwandle-nkulu ra Arctic

Βόρειος Πόλος

North Pole

Νότιος Πόλος

South Pole

Ανταρκτική

Antarctica

Γη

Misava

γη

tiko

θάλασσα

lwandle

νησί

xihlala

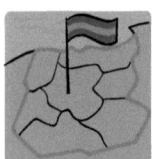

έθνος

rixaka

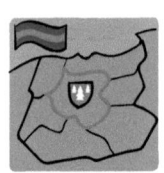

πολιτεία

tiko

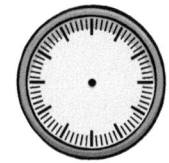

καντράν ρολογιού

xikomba nkarhi

ωροδείκτης

xikomba-tiawara

λεπτοδείκτης

xikomba-timineti

δείκτης δευτερολέπτων

xikomba-tisekoni

Τι ώρα είναι;

I nkarhi muni?

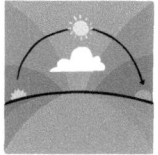

ημέρα

siku

χρόνος

nkarhi

τώρα

sweswi

ψηφιακό ρολόι

wachi leyi tshavatelaka

λεπτό

minete

ώρα

awara

εβδομάδα
viki

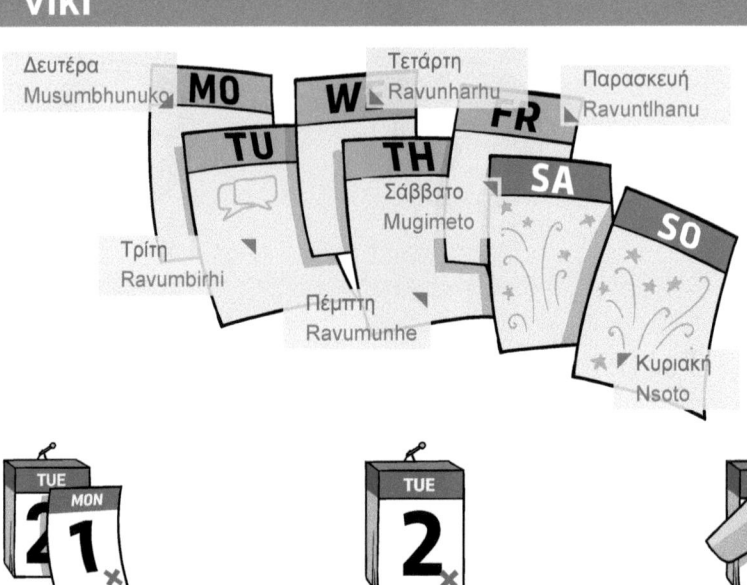

Δευτέρα
Musumbhunuko **MO**

W Τετάρτη
Ravunharhu

FR Παρασκευή
Ravuntlhanu

TU

TH

Σάββατο
Mugimeto **SA**

Τρίτη
Ravumbirhi

SO

Πέμπτη
Ravumunhe

Κυριακή
Nsoto

χθες
tolo

σήμερα
namuntlha

αύριο
mundzuku

πρωί
mixo

μεσημέρι
nhlekani

βράδυ
madyambu

MO	TU	WE	TH	FR	SA	SU
1	2	3	4	5	6	7
8	9	10	11	12	13	14
15	16	17	18	19	20	21
22	23	24	25	26	27	28
29	30	31	1	2	3	4

εργάσιμες ημέρες
masiku ya ntirho

MO	TU	WE	TH	FR	SA	SU
1	2	3	4	5	6	7
8	9	10	11	12	13	14
15	16	17	18	19	20	21
22	23	24	25	26	27	28
29	30	31	1	2	3	4

Σαββατοκύριακο
mahelo vhiki

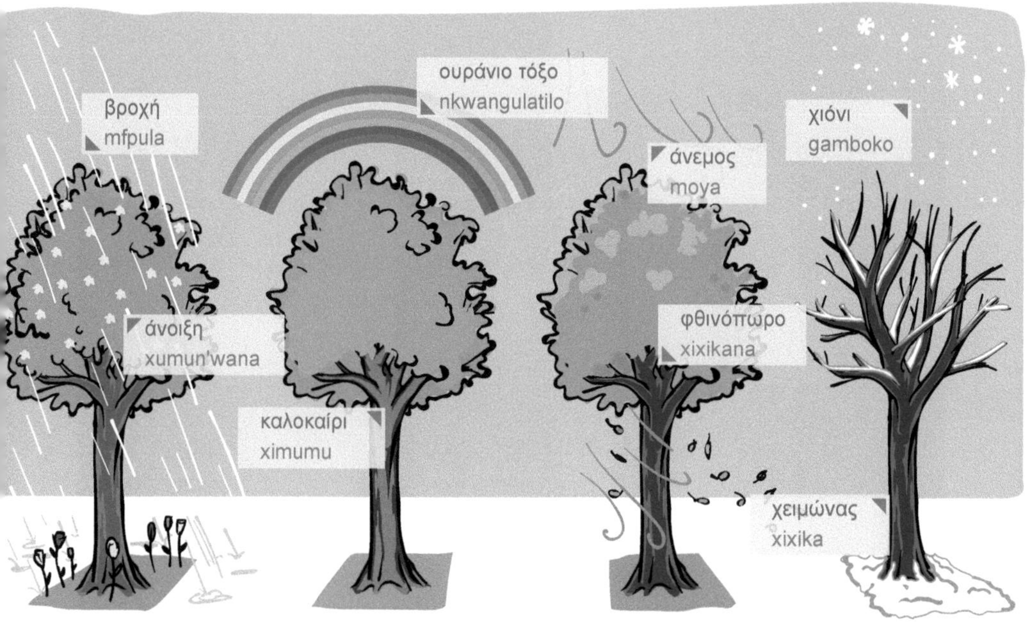

βροχή
mfpula

ουράνιο τόξο
nkwangulatilo

χιόνι
gamboko

άνεμος
moya

άνοιξη
xumun'wana

φθινόπωρο
xixikana

καλοκαίρι
ximumu

χειμώνας
xixika

4.APRIL	11°	☀
5.APRIL	4°	🌧
6.APRIL	13°	🌧
7.APRIL	8°	☀
8.APRIL	10°	☀

πρόγνωση καιρού

vumbha tamaxelo

θερμόμετρο

xipima-mahiselo

λιακάδα

dyambu

σύννεφο

papa

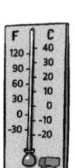

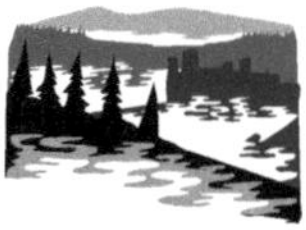

ομίχλη

hunguva

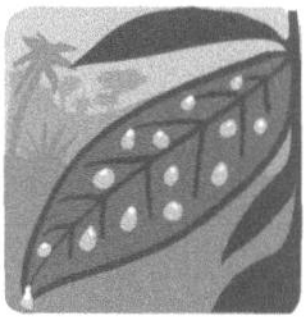

υγρασία

kutsakama

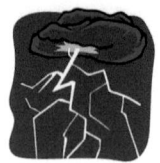

αστραπή
rihati

κεραυνός
dzindza-tilo

καταιγίδα
xidzedze

χαλάζι
xihangu

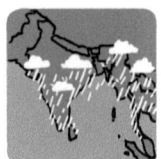

μουσώνας
mpfula

πλημμύρα
ndhambi

πάγος
ayisi

Ιανουάριος
Sunguti

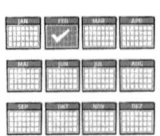

Φεβρουάριος
Nyenyenyana

Μάρτιος
Nyenyankulu

Απρίλιος
Dzivamusoko

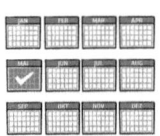

Μάιος
Mudyaxihi

Ιούνιος
Khotavuxika

Ιούλιος
Mawuwani

Αύγουστος
Mhawuri

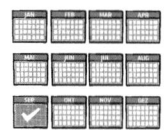

Σεπτέμβριος

Ndzhati

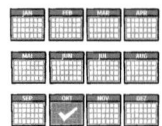

Οκτώβριος

Nhlangula

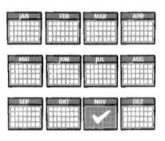

Νοέμβριος

Hukuri

Δεκέμβριος

N'wendzamhala

σχήματα
swivumbeko

κύκλος

xirendzevutana

τετράγωνο

xikwere

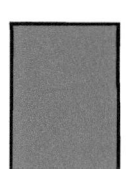

ορθογώνιο
παραλληλόγραμμο
matlhelo ya mune

τρίγωνο

xivunguvungu xa tintlha
tinharhu

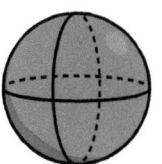

σφαίρα

bolo

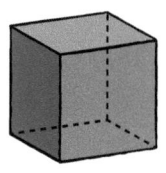

κύβος

cube

άσπρο

basa

κίτρινο

xitshopana

πορτοκαλί

lamula

ροζ

tshwukanyana

κόκκινο

tshwuka

μωβ

xigunguvungu

μπλε

wasi

πράσινο

rihlaza

καφέ

buraweni

γκρι

mpunga

μαύρο

ntima

πολύ / λίγο

swo tala / swi tsongo

θυμωμένος / ήρεμος

hlundzukile / rhurile

όμορφος / άσχημος

sasekile / bihile

αρχή / τέλος

masungulo / makumo

μεγάλος / μικρός

kulu / tsongo

φωτεινός / σκοτεινός

vangama / munyama

αδελφός / αδελφή

buti / sesi

καθαρός / λερωμένος

basile / chakile

πλήρης / ατελής

helerile / helelangiki

ημέρα / νύχτα

siku / vusiku

νεκρός / ζωντανός

file / hanyaka

φαρδύς / στενός

pfulekile / pfalekile

βρώσιμος / μη βρώσιμος

swa dyiwa / a swi dyiwi

κακός / ευγενικός

homboloka / lunghile

ενθουσιασμένος / βαριεστημένος

tsakile / phirekile

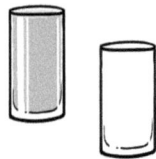

παχύς / λεπτός

nyuhela / lala

πρώτος / τελευταίος

masungulo / makumo

φίλος / εχθρός

mungana / nala

γεμάτος / άδειος

tele / hava

σκληρός / μαλακός

tiyile / olova

βαρύς / ελαφρύς

tika / vevuka

πείνα / δίψα

ndlala / torha

άρρωστος / υγιής

vabya / hanya

παράνομος / νόμιμος

swi ngariki enawini / enawini

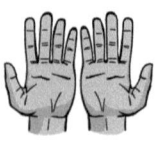

έξυπνος / χαζός

tlharihile / xiphukuphuku

αριστερός / δεξιός

ximati / xinene

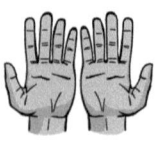

κοντινός / μακρινός

akusuhi / kule

καινούριος /
μεταχειρισμένος

yintshwa / tirhisiwile

τίποτα / κάτι

hava / xin'wana

γέρος | νέος

dyuharile / muntshwa

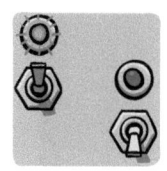

αναμμένος / σβηστός

xarirha / xitimile

ανοιχτός / κλειστός

pfurile / pfariwile

χαμηλόφωνος /
μεγαλόφωνος
myerile / huwa

πλούσιος / φτωχός

fuwile / xisiwana

σωστός / λανθασμένος

swinene / bihile

τραχύς / λείος

khwasha / reta

λυπημένος / χαρούμενος

vaviseka / tsaka

κοντός / μακρύς

koma / leha

αργός / γρήγορος

hlwela / hatlisa

υγρός / στεγνός

tsakama / oma

ζεστός / δροσερός

kufumela / titimela

πόλεμος / ειρήνη

nyimpi / kurhula

0

μηδέν

noto

1

ένα

n'we

2

δύο

mbirhi

3

τρία

nharhu

4

τέσσερα

mune

5

πέντε

ntlhanu

6

έξι

ntsevu

7

εφτά

nkombo

8

οκτώ

nhungu

9

εννιά

nkaye

10

δέκα

khume

11

έντεκα

khume n'we

12

δώδεκα

khume mbirhi

13

δεκατρία

khume nharhu

14

δεκατέσσερα

khume mune

15

δεκαπέντε

khume ntlhanu

16

δεκαέξι

khume ntsevu

17

δεκαεφτά

khumbe nkombo

18

δεκαοκτώ

khume nhungu

19

δεκαεννέα

khume nkaye

20

είκοσι

makhume mambirhi

100

εκατό

dzana

1.000

χίλια

gidi

1.000.000

εκατομμύριο

gidi ya magidi

Αγγλικά

Xinghezi

Αμερικάνικα Αγγλικά

Xinghezi xa Amerika

Μανδαρίνικα Κινέζικα

Xichayina xa Mandarin

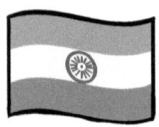

Χίντι

Xihindi

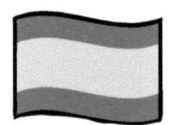

Ισπανικά

Xipaniya

Γαλλικά

Xifurwa

Αραβικά

Xiarabu

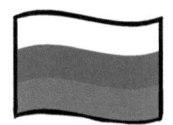

Ρώσικα

Xirhaxiya

Πορτογαλικά

Xiputukezi

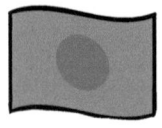

Μπενγκάλι

Xibengali

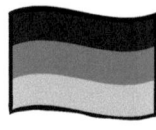

Γερμανικά

Xijarimani

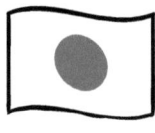

Ιαπωνικά

Xijapani

εγώ

mina

εσύ

wena

αυτός / αυτή / αυτό

yena / yena / xona

εμείς

hina

εσείς

n'wina

αυτοί / αυτές / αυτά

vona

ποιος / ποια / ποιο;

mani?

τι;

yini?

πώς;

njhani?

πού;

kwihi?

πότε;

rhini?

όνομα

vito

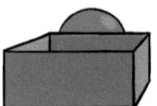

πίσω

endzaku

μέσα

ahehla

μπροστά

emahlweni a

πάνω από

ahenhla ka

πάνω

eka

κάτω

ehansi

δίπλα

handle ka

ανάμεσα

exikarhi ka

μέρος

ndhawu